TRILOGIA REGISTROS DA UMBANDA・VOLUME 2
CARTILHA DO MÉDIUM UMBANDISTA

Norberto Peixoto

Cartilha do Médium
Umbandista

2ª edição / Porto Alegre-RS / 2018

Capa e projeto gráfico: Marco Cena
Revisão: Sandro Andretta
Coordenação editorial: Maitê Cena
Produção editorial: Bruna Dali e Jorge Meura
Assessoramento gráfico: André Luis Alt

Dados Internacionais de Catalogação na Publicação (CIP)

P379C Peixoto, Norberto
Cartilha do médium umbandista. / Norberto Peixoto.
– 2ª ed. Porto Alegre: BesouroBox, 2018.
168 p.; 16 x 23 cm

ISBN: 978-85-5527-049-9

1. Religião. 2. Umbanda. 3. Mediunidade umbandista - aprendizado. I. Título.

CDU 299.6

Bibliotecária responsável Kátia Rosi Possobon CRB10/1782

Direitos de Publicação: © 2018 Edições BesouroBox Ltda.
Copyright © Norberto Peixoto, 2018.

Todos os direitos desta edição reservados à
Edições BesouroBox Ltda.
Rua Brito Peixoto, 224 - CEP: 91030-400
Passo D'Areia - Porto Alegre - RS
Fone: (51) 3337.5620
www.besourobox.com.br

Impresso no Brasil
Março de 2018

Este livro contribui com o custeio da comissão de obras do Grupo de Umbanda Triângulo da Fraternidade, que tem reformas a serem feitas.

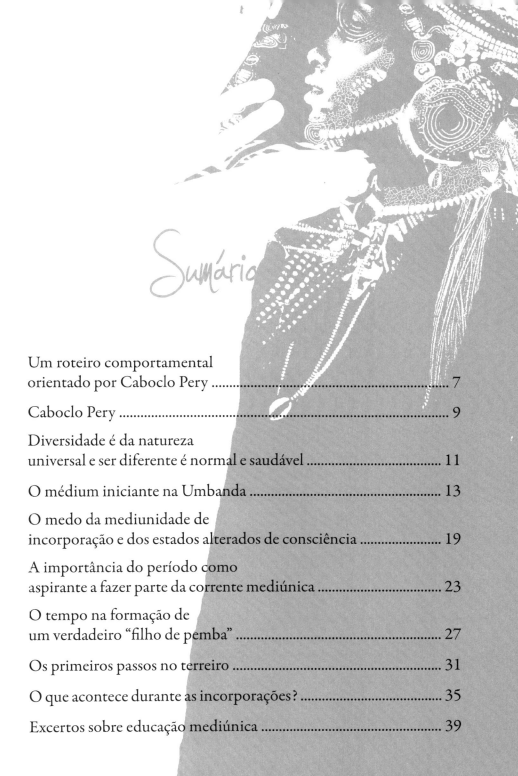

Sumário

Um roteiro comportamental
orientado por Caboclo Pery 7

Caboclo Pery 9

Diversidade é da natureza
universal e ser diferente é normal e saudável 11

O médium iniciante na Umbanda 13

O medo da mediunidade de
incorporação e dos estados alterados de consciência 19

A importância do período como
aspirante a fazer parte da corrente mediúnica 23

O tempo na formação de
um verdadeiro "filho de pemba" 27

Os primeiros passos no terreiro 31

O que acontece durante as incorporações? 35

Excertos sobre educação mediúnica 39

Melhorando a sintonia mediúnica
para "absorver" atributos psicológicos
– entenda a pedagogia da Umbanda 45

Os rituais disciplinadores para a indução
aos estados alterados de consciência ou transe lúcido 51

Os elementos ou catalisadores
energéticos utilizados nas liturgias
que não alteram os fundamentos da Umbanda 59

O lado oculto de uma sessão de caridade umbandista 87

Os primeiros passes e
aconselhamentos espirituais – consultas 95

Estrutura e função dos corpos
energéticos – Duplo Etéreo, Astral e Mental 99

Os orixás, as doenças e a saúde 105

O medo bloqueia os centros de energia – chacras 115

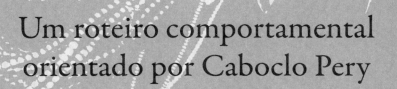

Um roteiro comportamental orientado por Caboclo Pery

A Confraria de Espíritos Ancestrais, que rege a evolução no planeta Terra, arquitetou a doutrina de Umbanda: universalista, fraternal, de amor incondicional, reunindo, sob a mediunidade redentora, grandioso número de egos, que escoam pesados carmas, amparados em suas frentes caritativas, nos diversos terreiros existentes na pátria auriverde.

Sob o comando de Jesus, foi selado o compromisso espiritual superior com a Umbanda, esquematizando-se assim o programa missionário dessa religião, indutor de reações mais adequadas para a libertação espiritual, eletivas à índole fraternal do povo brasileiro, irmanado pelo desprendimento pessoal e pela renúncia individual em prol do coletivo, sendo um caminho evolutivo para os espíritos adeptos da Divina Luz, conduta segura para a libertação do jugo ilusório da matéria animal.

Ramatís

Caboclo Pery

A entidade espiritual que se apresenta como Caboclo Pery é o Guia-Chefe do Grupo de Umbanda Triângulo da Fraternidade e o espírito "dono" de minha cabeça, ou seja, meu guia de frente. Sinto-o como um pai verdadeiro, ao qual tenho muito respeito. Inesquecível a cena clarividente, quando estava na escola de médiuns, em um centro espírita pertencente à federação do Rio Grande do Sul – o Caboclo, com um pilão à frente, macerava inúmeras folhas, pegava a "papa" resultante, com as mãos em cunha, colocava-a em minha cabeça e beijava-me na testa.

Foi esse Caboclo que me orientou a fundar nossa comunidade terreiro. É ele que, no Astral, dirige todos os trabalhos e delibera sobre tudo o que é feito, pois é um espírito enfeixado na irradiação de Xangô. Por isso temos um pilão em frente ao nosso congá. Caboclo Pery faz parte de uma falange de trabalhadores na Umbanda que "moram", no Plano Astral, na colônia espiritual conhecida como Metrópole do Grande Coração, onde se localiza a sede da Fraternidade da Cruz e do Triângulo. Nessa imensa urbanização extrafísica universalista, Caboclo Pery coordena uma série de atividades, entre elas a de instrutor, um mestre professor que literalmente dá aulas a uma plêiade de alunos que estudam a Umbanda e que vão assistir a suas exposições desdobrados, ou seja, fora do corpo físico.

Este livro, *Cartilha do Médium Umbandista*, é o segundo volume de uma trilogia, que dá continuidade ao projeto de deixarmos para as gerações futuras os registros etnográficos do modo de ser do Grupo de Umbanda Triângulo da Fraternidade escrevendo e interpretando suas chaves teológicas ritolitúrgicas. Todavia, neste volume, enfatiza-se mais o aspecto comportamental do médium aspirante a membro da corrente. É a segunda "apostila" de estudo, a primeira foi *Iniciando na Umbanda – a psicologia dos Orixás e dos cristais*; outra virá na sequência, completando-se a trilogia. Não é uma obra psicografada, no sentido clássico, mas um singelo compêndio coordenado e orientado por Caboclo Pery, que, comigo em desdobramento natural durante o sono físico, me orienta sobre o que devo escrever. Obviamente, há a experiência prática aliada ao estudo e à pesquisa contínua, pois o médium deve estudar sempre; são subsídios indispensáveis ao tipo de mediunidade vigente na atualidade, mais intuitiva e consciente, e cada vez menos sonambúlica, fenomênica e inconsciente.

Há que se registrar que tudo acontece dentro de uma gradação previamente planejada. Se não tivesse, há 10 anos, fundado uma comunidade terreiro, vivenciado intensamente todos os percalços de manutenção de um congá sob a égide da Lei de Umbanda em todo este tempo, certamente não teria condição de escrever o que ora me solicita o Plano Espiritual.

Mesmo assim, sem o amparo do lado de lá, nada realizaríamos, pois eles são o rumo e o direcionamento que nos mantêm firmes nos passos a serem dados. Somente assim conseguimos seguir em frente no caminho que se nos apresenta – o programa de vida delineado antes de encarnarmos na presente forma física.

Diversidade é da natureza universal e ser diferente é normal e saudável

As religiões são múltiplas, polifônicas, variadas. Analisando duas das diversas origens da Umbanda, a africana e a indígena, constatamos que, na África, não existe o mesmo culto entre duas tribos, dois locais diferentes, da mesma forma entre os silvícolas brasileiros. A oralidade e a ancestralidade multiplicaram as possibilidades da magia, e, às vezes, em uma mesma comunidade ou região, cada família cultua o Sagrado de determinado modo. Na Umbanda, nascida no Brasil, a diversidade se expandiu ainda mais, resgatando nossa ancestralidade, pois cada terreiro umbandista é uma irmandade espiritual e livre para conduzir-se teologicamente.

Não vejamos a diferença como erro, mas como riqueza. Na Umbanda não há um só jeito de organizar liturgicamente o culto aos Orixás e aos falangeiros – guias e mentores. Existe, sim, uma mesma essência que nos enraíza como irmãos de fé umbandista: a manifestação do espírito para a caridade. O que acontece é o seguinte: existem acomodações ritualísticas em volta desse núcleo duro, e o que se afasta da manifestação do espírito para a caridade não é Umbanda. Simples assim.

Os espíritos na Umbanda, seus guias e mentores, falam aconselhando as criaturas da Terra, normalmente, como se estivessem "encarnados" em seus médiuns, através dos transes ou estados alterados de consciência. Essa é uma característica marcante que nenhuma outra religião apresenta com a mesma intensidade da Umbanda. E notemos que, se entre os espíritos luminares da Umbanda não há codificação, mas uma rica pluralidade quando eles nos instruem sobre a religião, basta verificarmos na literatura mediúnica a diversidade de acomodação ritual – forma – de um para outro autor do lado de lá; obviamente, no lado de cá não haverá um autor que preponderará sobre os outros, impondo uma forma ritual de Umbanda a todos os demais.

Por isso a Umbanda é tão rica, tão marcadamente da Nova Era, tão visceralmente condutora para a transição das consciências rumo a um Mundo de Regeneração. A Umbanda não tem um profeta revelador divino, não tem um livro sagrado, um poder "eclesiástico" superior e muito menos um "papa" do saber. Se a Umbanda fosse criada para ser igual às outras religiões, dogmática, com um corpo sacerdotal central, seria mais uma, entre tantas, a priorizar a verdade com um senso de perfeição único, etnocêntrico, hegemônico e de "infalível" caminho.

A Umbanda não faz proselitismo, não busca seguidores, não arrebanha fieis e não exige conversão. Na sua diversidade de formas rituais, contempla amplo espectro de consciências, harmonizando-se com a coletividade e, ao mesmo tempo, instruindo sobre o papel espiritual de cada cidadão diante das leis cósmicas evolutivas.

O médium iniciante na Umbanda

A Umbanda não é uma religião de conversão, que busca cooptar adeptos para sua doutrina. É impossível encontrarmos uma genuína entidade que faça parte do movimento umbandista no Plano Astral dizer que esta ou aquela religião é a mais verdadeira, muito menos exigir que se deva entrar numa determinada confissão religiosa, culto, igreja, doutrina ou seita. O caráter respeitoso se encontra em todos os terreiros e podemos verificar isso na assistência à diversidade e à mistura, com todos juntos, sentados lado a lado, democraticamente. A premissa de abordagem religiosa umbandista parte do pressuposto de aceitação incondicional da fé do consulente, daí direcionando-o à compreensão das leis cósmicas, que valem para todas as religiões da Terra.

O trânsito inter-religioso no universo dos terreiros é intenso. Muitos saberes circulam desde a assistência, a parte de fora, até os médiuns incorporados com seus guias, a parte de dentro, e destes que pedem ajuda para outras comunidades, num saudável encontro ecumênico, convergente e universalista. Neste ir e vir, alguns vão ficando, tornando-se assíduos na frequência, escutando palestra, ouvindo os aconselhamentos, recebendo os passes magnéticos.

Há uma parcela que recebe um chamamento de seu interior, seja por uma forte emoção de sentir no âmago de suas almas "aqui é o meu lugar", seja por serem médiuns e virem irromper abruptamente os canais de comunicação com o mundo dos espíritos. Esse é o público eletivo que se fixa nos terreiros, uma minoria, se comparado à multidão que só busca a Umbanda em seus momentos de sofrimento, para apaziguar seus psiquismos, cicatrizar chagas e nunca mais aparecer, ou, ao menos, até uma próxima oportunidade de auxílio, podendo continuar em suas igrejas, centros espíritas ou filosofias de livre escolha, sejam elas quais forem, não importando à Umbanda suas procedências, mas o melhoramento que cada um vai galgar.

De maneira geral, cada terreiro tem suas normativas, mas podemos afirmar que há médiuns não "educados" que frequentam suas assistências, variando o tempo de um terreiro a outro, até que chega o momento em que uma das entidades manifestadas durante o aconselhamento espiritual orienta o neófito quanto à necessidade de ele fazer parte da corrente para "desenvolver" sua mediunidade. Nessas ocasiões, segue-se um esclarecimento mais detalhado das responsabilidades que o "futuro" médium aceitou assumir antes de reencarnar. Nada é um acaso, e os espíritos comprometidos com seus médiuns aguardam pacientemente que eles se firmem, que parem de bater cabeça aqui ou acolá, rolando como pedras montanha abaixo.

Há que se considerar que os espíritos também estão evoluindo, e as tarefas a serem executadas no mediunismo de terreiro umbandista, adredemente combinadas no Plano Astral antes de o medianeiro reencarnar, servem de instrumento ao Plano de Vida de todos os envolvidos, em conformidade com os laços cármicos que os unem e, fundamentalmente, com o destino que cada consciência aceitou seguir para seu próprio melhoramento íntimo.

O Plano de Vida ou destino do médium é previamente traçado antes de sua encarnação, e a "Administração Divina" jamais elabora programas absurdos, injustos ou impossíveis. Há de viver e cumprir seu destino, que é o resultado específico da soma das virtudes e dos vícios perpetrados em suas encarnações anteriores. Tudo é examinado e programado, de modo a favorecer o encarnante quanto a sua vida atual no corpo físico. A mediunidade é ferramenta para potencializar suas vivências transitórias na materialidade em conformidade com um esquema retificativo necessário para saldar seu carma passado.

Assim, a adesão de um novo médium a uma corrente mediúnica constituída, ativa e fazendo a caridade sob a égide da Lei de Pemba, é um importante e crucial passo no sentido de evolução anímica e, consequentemente, espiritual. O Guia-Chefe do terreiro, ao aquiescer à entrada do *iniciando* na comunidade de axé, sabe dos compromissos de todos os envolvidos e "torce" para que o aprendiz seja bem-sucedido.

Ora, como estamos na Terra, muitos fatores contribuem para que o aspirante a médium seja derrotado, tirado do caminho que pretende seguir, vinculando-se a uma corrente. Questões metafísicas espirituais, desafetos do passado que se rebelam, fraquezas morais que ainda precisam ser sublimadas, familiares de outras confissões religiosas que se opõem, dificuldades financeiras, assédios diversos tanto de encarnados como de desencarnados, aliados à própria ignorância do pretendente a médium, contribuem para que ele desista de sua intenção de permanecer vinculado à corrente.

Entendemos como fator crucial para o fortalecimento do médium aspirante, neófito ou iniciando, não importa como o chamemos, a presença do estudo na agremiação a que se propõe vincular-se, associado à prática continuada e assistida da mediunidade. A ausência de estudo aumenta a dificuldade em lidar com os diversos fenômenos psíquicos, emocionais e mediúnicos que se apresentarão e, inexoravelmente, serão experienciados visceralmente na Umbanda. O desconhecimento é mola propulsora para espíritos mistificadores, que procuram fazer de tudo para tomar conta das "cabeças" dos médiuns deseducados, e, obviamente, o pertencimento a uma comunidade terreiro umbandista os desagrada enormemente.

Esta singela obra é direcionada para os médiuns iniciantes na Umbanda; um breve roteiro comportamental aos que estão colocando a roupa branca pela primeira vez e começam a participar dos trabalhos práticos de terreiro. Não temos a ambição de agradar a todos, muito menos estabelecer um código rígido de observância teológica ou de conduta ritolitúrgica dentro da religião. Tão somente, por orientação espiritual, dividiremos alguns conhecimentos praticados no Grupo de Umbanda Triângulo da Fraternidade, na forma democrática e acessível de uma "cartilha" básica de estudo, que pode servir a qualquer médium umbandista, independentemente da organização ritual do terreiro que frequenta. Almejamos, somente, auxiliar em sua adaptação nesse período tão delicado de sensibilidade exaltada, normalmente acompanhada de muitas dúvidas e natural insegurança.

Assuntos que despertam mais curiosidade, dentro da dinâmica básica essencial da Umbanda, serão tratados, oportunizando aos iniciandos o mínimo de conceituação teórica sobre muitos dos aspectos "ocultos" dos rituais umbandistas, que, de outra forma, poderiam levar anos para o saberem, se é que o saberiam, pois, infelizmente, em muitas agremiações não existem nenhum estudo, instrução oral ou mesmo uma mínima apostila explicativa. Ainda, muitos sacerdotes umbandistas são contra o estudo continuado e exigem que os médiuns aguardem pacientemente sua vontade de explicar o básico doutrinário de Umbanda.

Claro está que quaisquer teorias sem a prática na Umbanda são meros alimentos do intelecto. O estudo é imprescindível associado aos pés no chão do terreiro, pois o médium que se informa e busca entender o que ocorre em seu campo íntimo de fenômenos psíquicos, aliando esse entendimento à compreensão maior do sentido dos ritos de que participa, obviamente será um mediador mais apurado para os Guias Astrais que o assistem. Isso se deve pelo fato de a mediunidade inconsciente ser hoje quase inexistente e não encarnarem mais sensitivos com essa característica, de perda da vigília e não se lembrar de nada após o transe – estado alterado de consciência.

A primeira quebra de paradigma que propomos a todo iniciando na religião de Umbanda é ele assumir que se lembra, nem sempre totalmente, do que ocorreu durante o transe vivenciado. Entendendo que isso é um processo natural, descomprime-se seu psiquismo, fazendo-o perder o medo. A partir de então, conscientes da tarefa que se apresenta adiante, assumimos que somos responsáveis diretos por nossa educação anímico-mediúnica, pois os espíritos não provocarão um "apagão" em nossas mentes e farão tudo por nós.

É com o estudo contínuo, em parceria com a prática, que a vivência em comunidade terreiro – templo umbandista – propicia alcançar o SABER VIVENCIADO (equilíbrio mediúnico, consistente espiritualização, sólida religiosidade); a pedagogia do terreiro desenvolve sentimento de pertença ao grupo (humano e astral) oferecido pelo tempo adequado de instrução, aprendizagem e trabalho caritativo associados num mesmo Espaço Sagrado, sem pressa, disciplinando nossos impulsos inferiores pelas vivências rituais e, assim, alcançando maturidade psíquico-emocional, o que nos torna melhores espíritos e consciências, mais serenos, amorosos, fraternos e felizes.

O medo da mediunidade de incorporação e dos estados alterados de consciência

O medo do transe ritual no terreiro é um dos maiores entraves para todo iniciante. A catarse que os estados alterados de consciência causam, a necessária entrega e a passividade psíquica exigida deverão ser conquistadas, escoimando-se os preconceitos que as seguem. O receio de perder o controle de si mesmo, aliado à demonização das religiões mediúnicas existente no inconsciente coletivo, deve ser esclarecido e confrontado objetivamente, pois, no imaginário popular, significa que a manifestação mediúnica é uma coisa "ruim", acompanhada de uma espécie de "apagão" – anestesia geral –, bloqueando os sentidos (audição, visão, tato, olfato e paladar).

Há que esclarecer abertamente, sem deixar dúvidas: *a perda da consciência não mais ocorre*. Existe, sim, uma alteração psicomotora, cognitiva e mental, com os sentidos psíquicos alterados, mas ainda conscientes, de que os espíritos benfeitores se utilizam para o "perfeito" transe ou manifestação. Obviamente, o fato de o espírito do Além não mais "tomar" completamente o mental do médium e, a partir daí, tudo não mais fazer sentido abre um novo campo, vastíssimo, de educação do sensitivo, objetivando seu melhoramento íntimo e mais afetividade dos trabalhos práticos do mediunismo de Umbanda, preponderantemente o de aconselhamento espiritual aos consulentes que batem às portas dos terreiros. O medo ativa o psiquismo negativamente, interferindo na integração mediúnica com a entidade e bloqueando o movimento do corpo físico, indispensável ao jeito peculiar umbandista de os espíritos se comunicarem.

O ambiente do terreiro, ritualizado com método e disciplina, oferece a segurança necessária para que, com o tempo devido de prática, o médium perca totalmente o medo e "entregue" passivamente a direção de seu psiquismo aos Guias Astrais. A manifestação deve ser vista com naturalidade, e seu processo técnico é de sensibilidade preexistente, de antes da reencarnação, quando teve seus chacras perispirituais sensibilizados para a ocorrência desse tipo de fenômeno, o que exige sintonia e confiança do medianeiro, havendo "infinitas" variações de uma pessoa a outra.

Para melhor compreensão dos diversos tipos de manifestação, vamos comparar o transe a uma tomada de energia. Os médiuns são "iguais" a vários aparelhos eletrodomésticos. Por exemplo, se ligarmos uma geladeira a uma tomada, ela vai refrigerar, mas se colocarmos um ferro elétrico ele vai esquentar; um ventilador vai girar e fazer vento, e assim sucessivamente. Conclusão: o método ritual disciplinador é o mesmo para todos, mas a ligação é interna de cada um; são consciências milenares e diferentes entre si, cada um dando o que possui em seu inconsciente ancestral. Cada indivíduo emana a essência de sua ancestralidade espiritual.

Mas, afinal, o que é uma incorporação?

É a "posse", por parte da entidade comunicante, do aparelho psicomotor do médium, o que se dá pelo afastamento de seu corpo astral e pela completa apropriação de seu corpo etéreo pelo corpo astral do guia ou protetor espiritual. Assim, o invólucro material do médium fica cedido para a atividade mental do preto velho, do caboclo etc., que poderão manifestar-se à vontade, como se encarnados fossem.

É muito rara a inconsciência total nessa forma de manifestação. O mais comum, na mecânica de incorporação, é uma espécie de sonolência letárgica em que o aparelho mediúnico fica imobilizado em seu poder mental e, consequentemente, na parte motora, tendo, no entanto, semiconsciência de tudo o que ocorre, havendo considerável rememoração após o transe. O guia ou protetor espiritual não "entra" no corpo do médium, como muitos pensam. O que ocorre é um afastamento do corpo etéreo, sendo esse, sim, tornado como se fosse um perfeito encaixe.

Em caso de dúvida ou conflito de interpretação, os dirigentes devem ser solícitos e dar todas as orientações necessárias. Chefes de terreiro e diretores de ritos são médiuns com experiência prática na mediunidade e também devem ser "abertos" ao estudo e às infindáveis perguntas e dúvidas dos neófitos. Todos os iniciantes precisam de orientação para compreensão adequada do transe ou da manifestação mediúnica em seu início. Em verdade, nunca seremos médiuns prontos e sempre deveremos ter a humildade de saber que não sabemos tudo. Todos num terreiro são eternos aprendizes; os que sabem mais ensinam os que sabem menos, o que não quer dizer que saibam tudo.

A comunicação com os espíritos – processo natural e aquisição anímica temporal de cada indivíduo –, lamentavelmente, ainda é demonizada por outras religiões, notadamente o catolicismo e as neoevangélicas, que elegeram o panteão afro-brasileiro e a Umbanda, especificamente as formas de apresentação dos espíritos que nelas labutam, como catalisadores de um método psicológico de conversão de novos prosélitos. A Bíblia está recheada de pessoas sendo possuídas ou influenciadas por demônios: Mateus 9:32-33; 12:22; 17:18; Marcos 5:1-20; 7:26-30; Lucas 4:33-36; Lucas 22:3; Atos 16:16-18; entre tantas outras citações.

Obviamente, o intercâmbio direto com esferas espirituais benfeitoras não interessa a nenhum clero ou às castas sacerdotais instituídas, pois desloca o poder de orientação e contato com o sagrado de suas igrejas e seus templos para os médiuns de todos os tipos e lugares. Essa democratização horizontal que sempre existiu por meio de oráculos, profetas, videntes, curadores etc. contraria diretamente a ditadura verticalizada das religiões "proprietárias" da ligação com Deus e seus Enviados Divinos.

Diante de tudo o que dissemos, não é por acaso que a decisão de fazer parte de uma corrente de Umbanda não é muito fácil ao pretendente. Além de ter que enfrentar seus próprios medos, há a contrariedade muitas vezes de familiares próximos, o despeito de colegas de trabalho, o olhar irônico de vizinhos quando o virem com uma guia de proteção no pescoço ou até mesmo a resistência do cônjuge, que pode ser de outra confissão religiosa. Tudo isso acontecerá no mesmo tempo em que dúvidas aflorarão em sua mente e, quando não, obsessores e desafetos desencarnados farão de tudo para que não se persista em seu intento.

Em contrapartida, aos que persistirem, paulatinamente as barreiras da ignorância irão cair, e um novo olhar nascerá em relação à Divina Luz. Conforme o tempo for passando, o iniciante cada vez mais angariará confiança, conhecerá mais adequadamente as vibrações por Orixá e perceberá com segurança o magnetismo e o toque peculiar de cada entidade que o assiste. Enfim, se firmará na mediunidade na Sagrada Umbanda, seus passos se tornarão mais seguros e seus tombos, mais raros. Por sua vez, a exigência de vigilância e humildade não deve esmorecer, sendo uma eterna exigência a todo médium.

Por maior que seja a sensibilidade do médium, o autoconhecimento e sua conduta moral é que, em primeira instância, devem ser objetos de seu maior esforço. Suas afinidades determinarão se conseguirá manter a sintonia adequada com os benfeitores espirituais, pois não basta ser "santo" só no dia de trabalho, mas ter uma conduta ilibada diariamente, contudo sem querer ser um ser perfeito, pois médium perfeito não existe encarnado na Terra.

A importância do período como aspirante a fazer parte da corrente mediúnica

Há que se considerar que é muito importante um período de aclimatação para que o médium aspirante se ambiente aos trabalhos. É aconselhável que o candidato a fazer parte da corrente e ao desenvolvimento mediúnico, por tratar-se de elemento "estranho" aos rituais da comunidade de axé em andamento, primeiramente se mantenha como observador, sem participar diretamente dos trabalhos, como numa espécie de estágio, por um período mínimo de um ano ou mais, dependendo da especificidade do tempo de aprendizado necessário, algo individualizado, pois cada um tem um ritmo próprio que deve ser respeitado.

A fim de que possa, o médium aspirante a fazer parte da corrente, avaliar sua própria eletividade ou antipatia para com o ambiente e seus componentes, pode-se estabelecer um período ainda menor, de um a dois meses inicialmente, para que se sinta à vontade para não prosseguir nos trabalhos, se assim desejar. Desse modo, evita-se o dispêndio de tempo inutilmente no serviço de preparo espiritual do novo membro e também se dispensa o constrangimento da presença de um elemento "de fora" ainda desafinado à vibração da "corrente mediúnica", ou, o que é mais comum, que ele esteja desinteressado de seu progresso espiritual em conformidade com as diretrizes, usos e costumes do grupo a que se pretende vincular.

Depois do primeiro ano de observação e aclimatação aos ritos e liturgias do terreiro, bem como de entrosamento do candidato a membro da corrente com o grupo humano – seus futuros irmãos de egrégora –, então poderá ser admitido, estando plenamente adaptado à disciplina peculiar do terreiro que ele já encontrou organizada e independente de sua cooperação. Deve o médium aspirante adaptar-se ao grupo que o acolhe, e nunca o contrário.

Obviamente, a vivência nos rituais, a aplicação dos métodos indutores dos estados alterados de consciência, os cânticos, o toque dos atabaques, as defumações, as folhas, as ervas e todos os demais elementos utilizados servirão como testes, a fim de selecionar os que manifestarem a faculdade mediúnica de modo mais positivo, espontâneo e certo, por cujo motivo se exige maior urgência em seu desenvolvimento. Há que se ter acuidade e destreza para observar se os pretendentes a membro da corrente não estejam com perturbações nervosas em vez de mediunidade de terreiro aflorada; a histeria, o puro animismo destrambelhado ou fenômenos neurovegetativos devem aguardar melhor classificação psíquica, o que muitas vezes cabe à medicina terrena, a fim de se evitar perda de tempo em tentativas inócuas e sem resultados úteis para a futura tarefa de passes e aconselhamentos espirituais.

No mais das vezes, há uma tênue diferença entre o "doente" que se enquadra especificamente na terminologia patogênica da medicina acadêmica, o qual será improdutivo junto ao terreiro de Umbanda, e o médium cujo psiquismo desalinhado pode levá-lo ao desequilíbrio de sua saúde. Muitas frustrações serão evitadas se não se forçar o desenvolvimento mediúnico de quem não tem o que desenvolver, pois certas psicopatologias espirituais na sessão de desenvolvimento podem ser perda de tempo se não houver compromisso com a mediunidade de tarefeiro sob a Lei de Umbanda, e tal indivíduo pode encontrar seu alívio mais adequado e sem maiores entraves como consulente em vez de inutilmente tentar ser pretenso trabalhador, o que só lhe causará dissabor no futuro, pois verá os anos correrem e nada acontecerá em seu mundo íntimo, pois, em verdade, não é médium.

Para isso, um programa de *aspirantado*, como o existente no Grupo de Umbanda Triângulo da Fraternidade, é o período pelo qual o irmão que se propõe a fazer parte da corrente de trabalhos espirituais passa, no sentido de conhecer a filosofia, a disciplina e os rituais do Templo Religioso. Nesse período, o candidato a membro da corrente pode sentir e fazer a avaliação sobre se, na verdade, esse é o agrupamento umbandista a que pretende se vincular e atuar como médium. Ao mesmo tempo, realizará tarefas externas de apoio, como arrumar e limpar o ambiente dos trabalhos a serem realizados. Para nós, do Triângulo da Fraternidade, fazer parte da corrente significa assumir, pela vivência templária ritualística propiciada, uma família espiritual e, vestindo o branco, sermos idealizadores e realizadores dentro de uma filosofia e organização religiosa, colocando-nos a serviço de Jesus e dos Orixás, em parceria com os amigos Benfeitores Espirituais.

O candidato interessado, após cumprir no mínimo seis meses de frequência regular em nossa assistência, deve expressar sua vontade ao Sacerdote Dirigente do Triângulo da Fraternidade, no sentido de que almeja sua entrada como médium aspirante. Após avaliação mediúnica espiritual específica, realizada pelo Guia-Chefe, se aceito, o aspirante, a partir de uma data estipulada, começa a se integrar mais intensamente nas atividades do Templo, cumprindo o horário de trabalho do dia, ajudando nas atividades externas (recepção, arrumação e limpeza) e nos ritos internos de educação mediúnica – sessões práticas com toques e cânticos de louvação aos Orixás e aos falangeiros. Contudo, não participa, ainda, dos tratamentos espirituais práticos realizados pela corrente, como os passes e os aconselhamentos espirituais. O aspirante deve comparecer pontualmente ao Templo Religioso no dia em que estará vinculado. A assiduidade é um dos requisitos importantes à entrada definitiva do novo membro trabalhador.

O tempo na formação de um verdadeiro "filho de pemba"

A Umbanda não é uma religião de conversão, mas de encontro consigo mesmo, pelo simples fato de que o Eu Crístico, simbolizado nas forças divinas dos Orixás, está dentro de cada um de nós e faz parte de nossa ancestralidade e DNA espiritual, conectado com os elementos da natureza, numa simbiose perfeita, que, quando adequadamente harmonizada no psiquismo do médium, absorve e emana paz, alegria, saúde e compreensão.

O dirigente umbandista tem de ser criterioso em afirmar os Orixás Regentes do sensitivo em questão, investigando profundamente por meio das vivências internas no terreiro, amparando-se em sua mediunidade, que deve lhe dar segura cobertura espiritual, e, aos que adotam o sagrado método oracular da ancestral Sabedoria de Ifá, o Merindilogun, ou Jogo de Búzios, amparar-se na comunicação com seus búzios.

Na dúvida, não engane nem se deixe enganar com a vontade e o desejo dos médiuns ansiosos e deslumbrados por serem consagrados, fazendo afirmações inverídicas e apressando as iniciações só para agradá-los ou, o que é nefasto em todos os casos, ganhar dinheiro com a inocência útil desses indivíduos imaturos, cobrando consagrações extemporâneas que são placebos, pois ritual aplicado necessariamente não é iniciação espiritual internalizada, assim como a semente plantada não se transforma em flor sem justo tempo e zelo exigidos ao jardineiro fiel.

Os pré-requisitos que o dirigente umbandista precisa observar para aplicar um ritual de iniciação – em verdade, não iniciamos ninguém e cada um inicia a si mesmo – são os seguintes: bom caráter, paciência com os irmãos de corrente, sentimento de pertença à comunidade, bondade e amor incondicionais, comprometimento com a caridade, respeito, ser verdadeiro e não "mascarado", dissimulando e omitindo seus reais interesses, ser justo e sincero. Nunca devemos apressar o ciclo mínimo de sete anos para despertar esses valores tão necessários e importantes para a formação de um verdadeiro médium "Filho de Pemba".

Um dos maiores fatores que devem nortear um dirigente umbandista para o cumprimento da finalização de um ciclo de sete anos de iniciação na Umbanda, no caso específico do Grupo de Umbanda Triângulo da Fraternidade, que tem forte ênfase na religiosidade com os Orixás, é a humildade, observada claramente em quem nasceu para servir e não para ser servido. O termômetro que revela esse fato é perceber no iniciando que em nenhum momento de sua trajetória o tempo necessário seja visto como um fardo, demonstrando e compreendendo que a paciência é o elo maior de sua maturidade espiritual, numa "imitação" perfeita dos ciclos da natureza, que nunca tem pressa, entendendo que nada acontece com um "abrir e fechar de olhos".

É grande ilusão banalizarmos apressando os ciclos mínimos de tempo para a natureza psíquica mediúnica amadurecer, pagando para que iniciadores venais e antiéticos agilizem ritualmente o "nascimento" dos Orixás no iniciando mesmo sem ele ter condição, assim como uma muda de carvalho não se torna árvore frondosa em meros 365 dias. Impossível solidificar-se numa cabeça – Ori – meramente pelo ritual raso apressadamente aplicado, o que requer tempo para enraizamento espiritual profundo no ser, assim como os abacates verdes não caem dos galhos.

Nem todos que frequentam uma comunidade de terreiro na Umbanda estão ali para fazer parte do grupo de médiuns trabalhadores. A Umbanda é frequentada por uma ampla diversidade de consciências, é composta de diferentes indivíduos, com propósitos, ideais e objetivos diversos. O mais importante é o acolhimento fraternal: abraçar, valorizar, considerar, respeitar e tratar a todos igual e incondicionalmente, sem discriminar a procedência, se é visitante, consulente, adepto, assistente ou simpatizante.

Contudo, há que se diferenciar que, para ser um médium de Umbanda, aceito e iniciado numa corrente, numa egrégora, numa comunidade religiosa como trabalhador ativo, além de frequentar a assistência durante o tempo adequado para ser reconhecido pela cúpula espiritual do terreiro, são necessários inúmeros atributos morais, intelectuais, procedimentais e vocacionais, além, obviamente, de mediunidade ativa, de fato, no caso de médiuns que serão trabalhadores no aconselhamento espiritual durante as sessões práticas de caridade.

Infelizmente, hoje verificamos muitas "iniciações" tipo *fast-food* (rápidas), verdadeiros placebos, sem efeito algum. Temos até iniciações à distância, feitas de forma *on-line* em alguns cursos pela Internet. A simples "iniciação" de um indivíduo desprovido desses atributos básicos e essenciais, e ainda sem mediunidade, não o habilita como um "iniciado" legítimo e legitimado com direito ao pertencimento na Corrente Astral de Umbanda.

Cabe ao sacerdote, dirigente, zelador, diretor de rito ou chefe de terreiro escolher com muito critério aqueles que são realmente dignos de aceitação e posterior iniciação, preponderando os atributos básicos e essenciais, além da mediunidade ativa direcionada para as lides de terreiro. Mediunidade ativa que é "impressa" no corpo astral antes da reencarnação do sujeito, o que obviamente nenhuma iniciação ativará se essa sensibilização não for preexistente.

Na Umbanda, com as iniciações internas, decorrentes da vivência no templo, ritualizadas por meio de liturgias propiciatórias, expande-se nossa sensibilidade psíquica e mediúnica para percebermos com mais clareza – claridade ou iluminação interna – o mundo transcendental dos Orixás e nossos ancestrais – Benfeitores Espirituais. São experiências religiosas em comunhão grupal e, se acompanhadas de estudo contínuo, reflexão sobre os estados vivenciados de consciência alterada e busca incessante do autoconhecimento, "seguramente" nos conduzirão a um destino alvissareiro: sermos seres humanos – espíritos – melhores e felizes na vida, na comunidade de "santo", na família e na sociedade, o que caracteriza o comportamento de um genuíno "Filho de Pemba".

Os primeiros passos no terreiro

Finalmente chega o dia em que o frequentador da assistência e candidato a futuro médium começa a frequentar as sessões práticas, engiras, no terreiro. Embora a Umbanda seja uma só, muitos são os "segmentos" da religião pela sua diversidade ritual. Nos aspectos rito-litúrgicos, não existe uma Umbanda melhor ou mais pura que outra. Todavia, há de se observar que, mesmo não havendo consenso nas variadas ramificações e bricolagens teológicas, há ampla liberdade de composição por parte dos sacerdotes umbandistas, o núcleo central ou duro da religião, sempre preconizando não sacrifício de animais, gratuidade no exercício da mediunidade, monoteísmo, reencarnação e respeito à Lei de Ação e Reação e ao livre-arbítrio.

Na Umbanda, não existe uma ortodoxia que prevaleça, um poder central, uma codificação, um livro sagrado ou um "papa" do saber. Cada terreiro tem as suas particularidades, e o que realmente importa é o quanto cada comunidade está contribuindo para a espiritualização e a formação de seres humanos do bem e de bom caráter. Todavia, a perspectiva da religiosidade que será vivenciada deve estar em conformidade com os fundamentos deixados pelo Caboclo das Sete Encruzilhadas, que, por sua vez, formula as chaves teológicas praticadas nos terreiros verdadeiramente de Umbanda, que não os alteram. As variações rituais e litúrgicas são periféricas, e não centrais, na formulação da Teologia de Umbanda, que, em verdade, é uma unidade aberta em construção.

O que inicialmente deve o novo médium observar e sentir no terreiro que abre as portas para ele?

Antes de preocupar-se em aprender os rituais, a finalidade de cada elemento, a letra dos pontos cantados, entre tantas apreensões que lhe vêm à mente, ele deve priorizar a observância dos relacionamentos humanos no grupo, se há fraternidade e altruísmo, respeito, ética, humildade, educação, asseio pessoal, limpeza, enfim, averiguar se o consórcio mediúnico a que se propõe com a nova corrente tem bases morais sólidas. É muito certo que esses apontamentos já vinham sendo feitos quando ele só frequentava a assistência, mas há de se reforçar que somente um ambiente elevado, de relacionamentos sadios, com propósitos de servir e desbastado de exaltações de egos, bajulações e vaidades pessoais propicia a sustentação vibratória adequada à manifestação dos espíritos benfeitores.

O aspirante a médium da nova corrente deve sentir-se à vontade e confiante. A transparência, o diálogo franco e fraternal, a conscientização da finalidade das tarefas que abraçará, a busca do autoconhecimento e, acima de tudo, o acolhimento pelos irmãos da comunidade que cimentarão a relação que se inicia e se espera devem ser de longo prazo.

Obviamente, o dirigente, o chefe de terreiro ou zelador, de uma maneira geral o sacerdote principal, não conseguirá fazer tudo sozinho. Outras funções sacerdotais na comunidade devem estar estruturadas e atuantes, dependendo do tamanho de cada agremiação, como a de diretor de rito, cambono-chefe, mães ou pais-pequenos. A hierarquização não deve objetivar colocar uns acima de outros, como mais ou menos importantes, mas demonstrar que, ao se assumir uma tarefa a mais na organização, disciplina e manutenção do Espaço Sagrado, em verdade, tem-se mais deveres e a exigência de dar-se o exemplo de pertencimento ao terreiro.

Há que se considerar que todas as funções desempenhadas no terreiro devem ser feitas com humildade e com o aval do Plano Espiritual. Aqueles que assumem tarefas além dos passes e dos aconselhamentos espirituais, dedicando-se à formação dos médiuns, estão contribuindo para a expansão da Umbanda com a educação e o preparo de novos trabalhadores.

Tudo o que foi dito até aqui é um pequeno roteiro de observação ao médium iniciante. Procure ainda observar se o dirigente principal, diretor de rito, cambono-chefe e mães ou pais-pequenos são solícitos para a resolução de dúvidas. É impensável uma comunidade terreiro que não tenha o compromisso visceral com a educação, o estudo e a prática, com disciplina, seriedade e trabalho.

O que acontece durante as incorporações?

É de suma importância a adesão a um grupo, terreiro, centro, templo ou egrégora, para que todas as etapas de construção da manifestação mediúnica equilibrada se concretizem nos médiuns, tanto no aspecto cognitivo quanto no afetivo, etapas essas que elaboram o desenvolvimento mediúnico no contexto dos rituais disciplinadores de que a Umbanda se utiliza para os processos de dissociação de consciência, ou transe lúcido – incorporação –, serem eficientes.

O transe lúcido ou incorporação é a "posse", por parte da entidade comunicante, do aparelho psicomotor do médium, o que se dá pelo afastamento de seu corpo astral e completa apropriação de seu corpo etéreo pelo corpo astral do guia ou protetor espiritual. Assim, o corpo físico, o invólucro material que o espírito do médium habita na presente vida encarnada, fica cedido para a atividade mental das entidades astrais de Umbanda, que poderão manifestar-se à vontade. Não ocorre perda da consciência e é preciso desmitificar a inconsciência, que está mais para mito do que para realidade como forma de manifestação, na atualidade, do movimento umbandista.

Como já dissemos antes, o mais comum na mecânica de incorporação é uma espécie de sonolência letárgica, em que o aparelho mediúnico fica imobilizado em seu poder mental e, consequentemente, na parte motora, tendo, no entanto, semiconsciência de tudo o que ocorre, havendo considerável rememoração após o transe. O guia ou protetor espiritual não "entra" no corpo do médium, como muitos pensam. O que ocorre é um afastamento do corpo etéreo, sendo esse, sim, tornado como se fosse um perfeito encaixe.

É fundamental, prontamente, esclarecermos a todo neófito o que seja "incorporação", pois o espírito do lado de lá não provocará um "apagão" em sua mente, apropriando-se de seu corpo físico e, a partir daí, falando e andando como se vivo fosse. Infelizmente, é triste vermos medianeiros antigos ainda despreparados, omitindo sua consciência e dissimulando para os consulentes, dizendo que são inconscientes. Em verdade, não reencarnam mais médiuns totalmente inconscientes e prepondera no mediunismo umbandista nos dias atuais a chamada "incorporação" pela irradiação intuitiva. O aparelho mediúnico sente as vibrações, percebe seus guias, mas fica plenamente desperto e consciente do que se passa por sua mente. Daí a importância do estudo, que dará a educação e o autoconhecimento necessários para que os sensitivos sejam bons receptores dos guias emissores do Plano Espiritual.

Então, o que acontece no momento dos aconselhamentos espirituais com o médium em transe lúcido?

No momento das consultas espirituais, o templo umbandista está repleto de espíritos trabalhadores e desencarnados que serão atendidos. O ponto central de todos os trabalhos realizados são os médiuns com seus protetores. Como usinas vivas fornecedoras de ectoplasma, aglutinam-se em torno desses medianeiros os técnicos astrais que manipularão os fluidos necessários aos socorros programados. Dependendo das especificidades de cada consulente, movimentam-se as energias afins, por linha vibratória – Orixá – correspondente à necessidade de cada atendido. Ao mesmo tempo, cada guia atende em determinada função, havendo uma enorme movimentação de falanges que se deslocam para onde for necessário, tanto no plano físico como no mundo espiritual, para realizar as tarefas a que estão destinadas e autorizadas.

Nada é feito sem um comando hierárquico e ordens de serviços criteriosas, de conformidade com o merecimento e o livre-arbítrio de todos os envolvidos. A instância superior que dita e detalha a amplitude do que será feito tem recursos de análise criteriosos, que tornam impossível haver equívocos ou erros, mesmo quando há penetração na corrente mediúnica por invigilância dos próprios médiuns.

É indispensável que os médiuns cheguem ao templo umbandista imbuídos do ideal de doação, esquecendo-se de suas mazelas, de seus ressentimentos e das pequenas lamúrias do dia a dia. Em verdade, o mais importante aos amigos benfeitores é que esqueçamos nossos problemas pessoais e elevemos os pensamentos ao Alto, entregando-nos com amor às tarefas mediúnicas. Se todos conseguissem isso por algumas horas, uma vez por semana, no momento em que se encontram presentes no terreiro, facilitariam enormemente todos os trabalhos, independentemente de ritual ou elementos utilizados.

Há de se esclarecer que a incorporação permite relacionarmo-nos com irmãos espirituais e com eles aprendermos, pois, sem dúvida, sabem mais do que nós. Por sua vez, os amigos benfeitores precisam dos médiuns, para, através deles, ensinar àqueles que vêm pedir auxílio nos terreiros. Com a repetição do "fenômeno" da incorporação, vivenciamos a vibração de cada entidade e, com a passividade de nossos sentidos – e por que não de nosso corpo físico? –, vamos educando-nos com as Leis Divinas e, ao mesmo tempo, burilando nosso caráter e adquirindo atributos que nos espiritualizam e nos tornam homens do bem e cidadãos mais amorosos.

Muitos chegam iludidos do que seja realmente a incorporação mediúnica positiva, uma manifestação produtiva, educada e com serventia para os benfeitores espirituais. Ali um médium sonha com o caboclo de enorme penacho, poderoso caçador; acolá um aspirante, durante o recebimento de um passe, "incorpora" e dança rodopiado até cair desequilibrado e quase bater com a cabeça no chão; lá uma jovem rola no chão como se fosse uma criança "retardada"; aqui um médium bebe cachaça, pois, em contrário, seu "exu" não "baixa". É plenamente aceitável o movimento corporal no processo de mediunização nos terreiros, bem como a utilização de certos objetos externos que são pontos focais de concentração mental, que, em verdade, servem de referenciais simbólicos aos circunstantes que participam dos trabalhos caritativos nos terreiros sérios e, em muitos casos, até de catalisadores energéticos para os espíritos atuarem magneticamente no ambiente.

Infelizmente, como nos orienta o mentor Ramatís no livro *Mediunidade de Terreiro* (Editora do Conhecimento):

Há terreiros onde impera a vaidade, para os médiuns serem admirados por quem os olha, a indisciplina, a falta de estudo, e medra o exagero teatralizado, o animismo descontrolado com práticas fetichistas perdidas no tempo, mantendo as criaturas aprisionadas em nome de falsas raízes. São tradições que precisam ser compreendidas em seus fundamentos profundos e ritualizadas à luz das consciências da presente época, eis que a Lei de Evolução Cósmica prescreve a contínua mudança. Do contrário, estaríeis ainda caçando gnus nas savanas africanas ou búfalos nas pradarias norte-americanas, com flechas e arcos em punho, defendendo-vos dos predadores.

Conscientizemo-nos de que mediunidade de incorporação não é brincadeira, é coisa séria para gente séria. Nenhuma entidade benfeitora, legitimada por direito conquistado para atuar sob a égide da Lei de Umbanda, levará seus médiuns à exposição do ridículo e muito menos a desvios morais ou de caráter. Os centros realmente de Umbanda trabalham com ordem, método, organização, disciplina e muita ética.

Excertos sobre educação mediúnica

1. A visão de um zelador
Por Pai Edson de Oxossi – Associação Cacique Cobra Coral

Vamos falar um pouco sobre desenvolvimento, pois sabemos que este é um dos maiores problemas que encontramos dentro de muitas casas e muitos zeladores permitem que tal procedimento aconteça ao deus-dará, sem regra ou doutrina necessária para o futuro do médium, que vejo da seguinte forma: vem a ser a base de todo trabalho resultante para o futuro de um médium e tem que haver um preparo minucioso para que ele não se perca com suas próprias entidades. Tudo deve ter um começo, meio e fim.

Para nós, o que realmente interessa é o começo. Imagine um alicerce malconstruído; a base quebra e tudo desmorona, ou seja, os andares de cima não se ajustam à base e tudo vem abaixo.

Portanto, para nós, o que interessa em nosso desenvolvimento é a nossa base, chamada de entidade-chefe de nossa coroa, seja ela um caboclo ou um preto velho.

Um médium em desenvolvimento deve se preocupar somente com isso no início, e essa entidade-chefe tem de estar totalmente preparada para sustentar com seu poder de comando as demais entidades que eventualmente venham a trabalhar com o médium ao longo do tempo. Caso isso não ocorra, o médium passará por uma turbulência muito grande e acabará se perdendo em seu desenvolvimento, achando que um caboclo de Ogum é de Oxossi ou até mesmo de Xangô. E assim também acontece com as sublinhas com mais facilidade.

Portanto, no meu entender como zelador, quanto maior o número de entidades o médium iniciante incorporar, pior para ele será no futuro, porque não terá autocontrole de suas entidades e o respeito das demais pela entidade que comanda sua coroa.

Sendo assim, o médium não deve ter pressa em sua caminhada espiritual. Vivemos uma vida inteira e temos muitas surpresas resultantes de nossos trabalhos espirituais.

Um bom trabalho é aquele feito passo a passo, degrau por degrau, portanto os médiuns em início terão de passar por uma triagem junto à casa para podermos melhor avaliar e ver até onde realmente vai a base de cada um.

Sou exigente e cauteloso, e até mesmo chato, com relação à preparação de um médium, mas nunca passei vergonha em qualquer casa a que fui e os meus guias sempre trabalharam mostrando o que aprenderam com simplicidade, humildade e, acima de tudo, com segurança do que estavam fazendo.

Espero que todos tenham o mesmo entendimento que eu, pois acredito que mais vale o médium trabalhar bem com uma entidade do que trabalhar "mais ou menos" com dez. Isso, no meu ver, não tem lógica.

Todo médium tem um polo positivo e outro negativo, e, quando falamos do polo negativo, estamos nos referindo ao exu, não porque ele seja ruim, mas porque está dando o equilíbrio que todos precisamos ter. Ele também deve ser tratado e reverenciado sempre com muito respeito, porque obedece ao comando da entidade-chefe que cuida de nossa coroa.

Sem esse equilíbrio, não teríamos força para desempenhar nossos trabalhos e, sendo assim, fica claro e de fácil entendimento que o médium em desenvolvimento tem de tomar todas as cautelas para se tornar um verdadeiro soldado da nossa tão querida Umbanda. Quanto aos médiuns já desenvolvidos, estes devem realmente estar preparados para diferenciar quais as entidades que realmente estão incorporando, para não ficar nenhuma dúvida dos seus desempenhos quando solicitados em trabalhos inerentes ao terreiro.

Obviamente, o médium iniciante só poderá incorporar um caboclo ou um preto velho até ele dar o nome e riscar seu ponto. Já os médiuns desenvolvidos, mas ainda sem ordens de trabalho, poderão incorporar todas as suas entidades, mas ficando claro que ainda são proibidos de dar qualquer atendimento ao público, ficando autorizados a ajudar no atendimento dos médiuns da casa e, somente quando autorizados, poderão dar atendimento ao público em geral, ficando, portanto, toda a responsabilidade de atendimento aos médiuns já prontos ou coroados (mães e pais-pequenos do terreiro e seus zeladores).

Bem, acredito que tenha ficado claro como é um procedimento sério. Assim, com certeza, haverá resultados maravilhosos, pois tenho uma larga experiência disso.

Outro detalhe que ocorre muito em terreiros: depois de todo esse trabalho do zelador para ter um médium à altura dentro de sua casa para auxiliar nos trabalhos, este abandona tudo, revolta-se e ainda sai falando mal dele. Mas também devemos entender que essa é a missão de um "Pai Espiritual", que não deve esperar recompensas nem um "muito obrigado". Essa é a cruz que carregamos e devemos ter paciência, porque lá na frente vem mais!

É por essas razões que, infelizmente, vemos muitas marotagens e falta de dedicação de muitos zeladores, e aí está outro erro, porque não devemos generalizar para todos os filhos da casa, já que a missão de um zelador não é tão diferente da de um pai ou uma mãe na matéria, que criam os filhos para o mundo. Assim como aqui, na espiritualidade todos têm o livre-arbítrio de seguir seus caminhos.

Muitas vezes a culpa vem do zelador, por não ter o preparo e a capacidade de assumir um posto tão importante e de tão grande responsabilidade, pois quem quer respeito tem que fazer por merecer. Então, vemos por aí muitas coisas desnecessárias, que é melhor nem fazermos comentários vexatórios ou denegrir este ou aquele por sua forma de conduzir um templo sagrado.

A Umbanda só não tem grande força junto aos seus adeptos por culpa, única e exclusiva, de seus dirigentes, se assim podemos chamá-los. Não há união e cada qual fala uma doutrina, sem contar que um quer ser melhor que o outro, e isso é uma tragédia, pois não existe nada disso e a grande diferença está na capacidade material de cada um, na dedicação, na postura, no respeito etc.

Muitos confundem a cabeça de seus filhos com esse negócio de quem é seu Pai, de quem é sua Mãe, de quem é seu Juntó. Em cada lugar que o médium vai, ele arruma um Pai e uma Mãe diferentes. No meu entender, o médium tem que se fazer presente aos trabalhos e seu zelador deve lhe dar acompanhamento e ver quais as manifestações que ocorrem em seu desenvolvimento para chegar às conclusões corretas e, posteriormente, fazer as devidas obrigações.

Isso, queira ou não, traz insegurança àqueles que realmente querem respostas coerentes e precisam de uma forma segura para fazer suas obrigações.

Quantas vezes você já não escutou dizer que tal filho fez suas obrigações para determinado santo, veio outro zelador e disse que foi feito tudo errado, porque ele é filho de outro Orixá e tem que fazer tudo novamente, já que é por essa razão que sua vida não anda?

Sem sombra de dúvida, vêm a descrença, o desânimo e até mesmo o abandono total da religião. E de quem é a verdadeira culpa pelo médium abandoná-la? Claro que não é dos dirigentes adivinhos e espertalhões, os feitos em pé, como dizem, porque eles não a assumem.

Quando um filho de fé nos procura, devemos ser honestos e esclarecer que, para ter tal resposta, é necessário todo um processo, e muitas vezes o próprio médium tem a resposta de quem são seus Orixás, sem que ninguém precise colocar nada em sua mente.

Esse é um assunto extremamente sério e não podemos acreditar em um zelador que, já na primeira consulta, nos diz quem são nossos Orixás e quer fazer nossas obrigações. O modo mais correto é o assunto ser discutido entre o médium e seu zelador, até chegarem a uma conclusão juntos.

Acredite: ninguém precisa dizer para você quem são suas entidades e a que Orixás correspondem. Com o passar do tempo, todas as dúvidas existentes no início de seu desenvolvimento serão esclarecidas pelas manifestações de seus próprios Orixás. E quem melhor do que eles para dizer-lhe o que querem que seja feito? Então, com o apoio de seu zelador e com o conhecimento dos rituais, será feita a obrigação mais correta que possa existir e em comum acordo das partes: zelador, médium e seu Orixá.

2. Incorporações de consulentes
Por Mãe Leni de Xangô – Templo de Umbanda Vozes de Aruanda

Muitas pessoas que têm consciência de sua mediunidade, mas fogem dela, seja pelo motivo que for, costumam, mesmo assim, ir ao centro espírita ou ao templo de Umbanda para "receber" passe. Chegando lá, por condicionamento mental ou por outros motivos, passam a ter certos comportamentos, que acreditam ser incorporação de algum espírito. Se, no centro espírita, acreditam ser obsessor, no templo de Umbanda geralmente a pessoa diz ser seu "guia".

Nossa opinião a respeito disso e nosso conselho é:
– Procure instruir-se, amigo. Procure estudar sobre espiritualidade, mediunidade e suas manifestações, e, sobretudo, procure se autoconhecer e fazer sua reforma íntima. Isso gera equilíbrio, e pessoa

equilibrada, mesmo sendo médium, não vai "incorporar" só porque entrou num ambiente espiritualista.

Se já sabe que possui mediunidade e não está estudando nem trabalhando, pergunto:

– Se você possui uma ferramenta (pois mediunidade é ferramenta de trabalho) e não a usa para auxiliar os necessitados, por que então vem ao centro buscar caridade para você dos outros médiuns que aceitaram auxiliar? Não seria egoísmo?

Você assumiu esse compromisso antes de reencarnar, por misericórdia divina, com seus guias e protetores para, juntos, realizarem a "caridade". Então, meu irmão, "usar" seus guias só para se "limpar" e "descarregar" suas próprias energias lá no centro e depois seguir para sua casa mais leve, continuando a vida do mesmo jeitinho da semana anterior, até juntar mais carga e, na semana seguinte, vir e repetir tudo outra vez, é pedir para, hora ou outra, destrambelhar psíquica e emocionalmente, além de ser um atestado de extremo egoísmo. Afinal, será que os guias estão com você como faxineiros, à sua disposição?

Sem contar que o fato de saber que tem mediunidade, muitas vezes só por sentir a energia ao entrar no ambiente espiritualista, se confunde com incorporação, pois poderá sentir alguns arrepios e sensações normais, uma vez que ali a energia é mais sutil que a sua, ocorrendo algo parecido com um choque anafilático na transformação, causando sintomas orgânicos, mas sem ter qualquer interferência de espíritos.

Então, meu irmão, mediunidade é coisa séria para gente séria e rima com caridade. Evite desenvolver o gosto pelo fenômeno. Tenha uma fé sólida, coerente e racional. Estude, pesquise, instrua-se, oriente-se e disponha-se ao trabalho, que não necessariamente precisa ser mediúnico. Necessitados e trabalho não faltam; faltam trabalhadores disponíveis. Pense nisso!

Melhorando a sintonia mediúnica para "absorver" atributos psicológicos – entenda a pedagogia da Umbanda

Um equívoco dos médiuns iniciantes, tanto espíritas quanto umbandistas, independentemente das denominações, é se preocuparem demasiadamente com os fenômenos, a forma como o mediunismo se manifesta, por vezes, com total esquecimento de apurarem em si os mecanismos íntimos de melhoramento psíquico que apuram a sintonia com os espíritos benfeitores.

Não adianta, nas tarefas de psicografia, no trabalho de mesa, copiar os médiuns notáveis, como se fossem "xerox" de uma mesma matriz, ou imitar os oradores expoentes, tentando falar em linguagem "culta", empolada, recheada de terminologia enciclopédica, para comunicar o pensamento dos desencarnados. Por sua vez, os "cavalos" de terreiro se esmeram para exercitar um palavreado simples, coloquial e por vezes arrevesado. Há de se ter claro que isso são meros "fenômenos mediúnicos" que servem como bengalas psíquicas, que, embora variem o ambiente e o local de sua manifestação, em conformidade com os rótulos de cada conjunto religioso ou espiritualista a que se vinculam, não são suficientes para modificar os pensamentos equivocados e as atitudes indevidas diante das Leis Divinas.

Em verdade, todos e quaisquer fenômenos mediúnicos podem e devem convencer o homem de sua imortalidade, dando-lhe confiança na continuidade da vida além-sepultura. Todavia, não convertem ninguém à vida moral superior, conduzindo-nos a ser homens do bem e cidadãos de bom caráter. De que vale a convicção íntima de nossa imortalidade se ela não nos educa para usufruirmos a plenitude da vida espiritual depois da morte física?

Em verdade, ocorre que muitos médiuns não seguem nenhum princípio de libertação espiritual e renovação interior, preferindo apenas usufruir dos fenômenos externos que só afetam os sentidos físicos. Não por acaso, Jesus solucionou muito bem esse assunto, quando Pedro irritou-se contra a multidão ingrata, dizendo-lhe com firmeza: "Que te importa, Pedro, que não me sigam? Segues-me tu?".

Na Umbanda, somos condicionados a, fundamentalmente, reconhecer os espíritos que nos assistem. Contudo, o estudo continuado também é indispensável, tanto antes quanto após os encontros ritualísticos que "treinam" o reconhecimento fluídico das entidades. A percepção e a correta identificação das vibrações atuantes dos Orixás – todas acontecem ao mesmo tempo –, que, por sua vez, formam as linhas vibratórias de trabalho que se cruzam durante as consultas, devem conduzir o médium a aprender a nomeá-las claramente para bem operar mediunizado pelos seus guias. A firmeza mediúnica é porto seguro para que seu campo psíquico mediúnico não tenha interferências de espíritos mistificadores, que almejam fazer se passar pelas genuínas entidades de Umbanda. Ocorre que, por mais destreza que tenha um espírito magnetizador do Astral, ele não consegue imprimir nele mesmo a amorosidade e a singeleza vibratória que os mentores astralizados já angariaram. Assim como um pássaro habilmente empanado não voa como o verdadeiro sabiá, todavia engana uma criança, pois se parece com o genuíno, assim os espíritos das sombras podem engambelar os iniciantes, mas não os adestrados médiuns experientes.

A identificação da vibração dos Orixás e das correspondentes linhas vibratórias, pois são aspectos vibracionais diferentes e agem conjuntamente, é importantíssima, e somente a vivência prática poderá oportunizá-la, aliada à compreensão pelo estudo. A esse respeito, Pai Tomé exemplifica, no livro *Reza Forte* (Editora do Conhecimento):

O Orixá Ogum irradia a linha vibratória que leva o seu nome. A linha de trabalho de Ogum controla todos os fatos possíveis de execução pela ação da vontade, um atributo específico do Orixá que pode ser utilizado para escoar o carma de cada indivíduo ou grupo, aí atuam espíritos afins com esta linha ou faixa de trabalho necessitados de educarem a vontade e aplicarem-na com equilíbrio, pois foram soldados e militares guerreiros, compondo-a organizados em legiões e falanges. Outro exemplo para vossa melhor compreensão é a linha dos marinheiros, formada por espíritos que foram viajantes e mercadores dos mares, por sua vez irradiados pelo Orixá Yemanjá e comprometidos com os atributos deste Orixá de respeito e amor incondicional independente de raça ou pátria; despertando a percepção de que podeis gerar "vida" e de que todos somos co-criadores com o Pai. Estimulando o amor incondicional, a flexibilidade e adaptabilidade desapegada de nação ou país, os marinheiros ensinam que todos são cidadãos do mundo entre os renascimentos físicos. Assim, meu filho, cada Orixá e linhas "associadas" aos mesmos devem sucessivamente ser conhecidos e dominados pelos médiuns, que vão ao longo do tempo absorvendo os atributos dos Orixás e dos falangeiros em seus próprios psiquismos.

O entendimento de cada Orixá e das linhas vibratórias correspondentes a eles deve sucessivamente ser conhecido e dominado por todos no terreiro; isso facilita a confiança e a passividade mediúnica para a "absorção" dos atributos dos Orixás e das entidades nos psiquismos dos médiuns. São necessários anos de vivência prática num terreiro para que os participantes dominem o processo psicológico de educação anímico-consciencial da Umbanda.

Há que se esclarecer que os traços psíquicos associados aos Orixás não são rígidos nem se apresentam isolados uns dos outros. Obviamente, todo ser humano tem a influência do meio em que vive, e nunca é demais o comedimento, a observação arguta e a introspecção refletida entre as vivências no terreiro. O diálogo fraternal e franco com os dirigentes é fundamental para dirimirem-se dúvidas, auxiliando para melhor autoconhecimento e aprimoramento psicológico. A maturidade mediúnica se alcançará com o tempo, e os conflitos que ocorrerem no caminho devem ser vistos com naturalidade, pois os processos psíquicos internos fatalmente geram catarses. São impurezas perispirituais que emergem do subconsciente, escoimando-se traumas, recalques, culpas, fortalecendo-se a estrutura psicológica na atual personalidade. Não raras vezes, descompassos espirituais acontecerão, dados, ainda, nossa inferioridade e primitivismo consciencial, inevitavelmente existindo desafetos nossos do passado habitando o mundo dos espíritos, inimigos desencarnados se apresentarão e muitos serão os obstáculos a serem vencidos.

Claro está que as especificidades dos espíritos que se vinculam aos seus médiuns estarão presentes nesse processo de aprendizado e absorção de atributos psicológicos no terreiro. Entendamos que nossos mentores são consciências mais preparadas e trazem grande bagagem de experiências de vidas passadas que vão, naturalmente, pouco a pouco nos repassando.

Uma grande confusão de conceito, a nosso ver por ignorância, no sentido de puro desconhecimento, são as pessoas de fora da religião falarem que, na Umbanda, não existe reforma íntima. A estrutura da personalidade do médium vai se moldando pelas repetidas incorporações, que vão lhe modificando as predisposições mais íntimas no psiquismo de profundidade com o decorrer do tempo. A psicologia da Umbanda não é rasa como os olhares apressados dos preconceituosos, que não conseguem percebê-la, muito menos vivenciá-la, condição imprescindível para que tenha efeito. O trabalho de transformação dos médiuns é silencioso e vai se dando de maneira vagarosa, pela atuação dos Guias Espirituais.

Em verdade, a reforma íntima dos médiuns de terreiro vai muito além do "mero" estudo que amplia o arcabouço intelectual do ser, pois se consolida no contato fluídico com os guias que trabalham nas diversas linhas vibratórias, pedagogia vivencial que possibilita aos médiuns absorver e interiorizar os atributos e os princípios psicológicos de cada Orixá – arquétipo – que rege a linha de trabalho e, ao mesmo tempo, os ensinamentos desses espíritos amorosos.

Essa pedagogia vivencial, como o nome diz, se dá somente com a prática. Ao incorporarmos o preto velho no terreiro, vamos solidificando em nós o amor, a paciência, a humildade, enfim, aprendemos a escutar o outro. Por um efeito especular, se já temos essas características latentes em estado potencial de germinação, as aptidões são "encaixadas" em nosso psiquismo com facilidade e as qualidades dos guias fluem com mais força. Obviamente, as qualidades específicas da entidade enfeixada dentro da linha dos pretos velhos também nos influenciam decisivamente, e não poderia ser diferente, pois, em contrário, teríamos todos os espíritos de uma determinada linha iguais uns aos outros, o que seria uma aberração diante da diversidade da Criação.

Ao vivenciarmos a "possessão" pelo caboclo, é nos ensinado a ter disciplina, a ter respeito à hierarquia, a valorizar a liberdade de expressão, conhecendo nosso próprio poder de realização pessoal. O arquétipo dos caboclos educa os espíritos em evolução e os orienta naquilo que somos capazes, que devemos ter força suficiente, como se fôssemos flecha certeira, para suportar as vicissitudes e os desafios da vida. Com a altivez dos caboclos, aprendemos a temperança e a agir resignadamente nos ataques dos "inimigos" que sofremos. Intimamente ficamos impregnados da capacidade de nos relacionarmos com os diversos fatores adversos da vida, em harmonia e sem desesperança.

Nos trabalhos iniciais de incorporação com exu, nosso lado sombra vai se iluminando e, inevitavelmente, a ganância, a vaidade, a soberba, a ira, o ciúme, os medos indizíveis, o orgulho, a inveja, o egoísmo, aspectos negativos da nossa estrutura psicológica, virão à tona para a periferia do nosso psiquismo consciente, exigindo-nos que trabalhemos neles, transmutando-os positivamente. Ocorre que exu, como nenhuma outra vibração, tem a capacidade de espelhar o que está "oculto" no íntimo de cada um de nós, descortinando o interior ainda velado muitas vezes ao próprio indivíduo. Por isso é muito importante o médium "treinar" dentro do terreiro nas sessões de desenvolvimento, dando passividade e manifestando exu desde o início, até firmar bem o seu guardião, o que se concretizará com o autoconhecimento honesto, sem medo, aprofundando a análise de si mesmo e de todas as suas negatividades, sem culpa ou cobranças de perfeição ilusória. As aparências externas não enganam exu e, se o médium não desbastar em si seus atavismos, vícios e negatividades de caráter, não suportará os trabalhos mediúnicos e inevitavelmente sofrerá influência de espíritos obsessores, denominados "quiumbas".

Dentro da diversidade vivenciada nos terreiros, muitas linhas de trabalhos foram criadas e aceitas pelo Alto como um processo saudável de inclusão espiritual, que é da essência da Umbanda. Cada uma traz ensinamentos e atributos que são internalizados pelos médiuns ao vivenciá-las: ciganos, boiadeiros, marinheiros, baianos, cangaceiros; todos irmanados em um único propósito: servir ao próximo, ensinar aos que sabem menos e aprender com os que sabem mais, todos de mãos dadas rumo ao Criador.

Somente com a prática continuada dentro dos terreiros, vivenciando os rituais disciplinadores para a indução aos estados alterados de consciência – ou transe lúcido –, utilizando adequadamente os elementos ou catalisadores energéticos necessários à "fixação" das vibrações dos Orixás e dos falangeiros, utilizados nas liturgias e que não alteram os fundamentos da Umbanda, o médium se fortalecerá no processo pedagógico profundo de psicologia vivenciada.

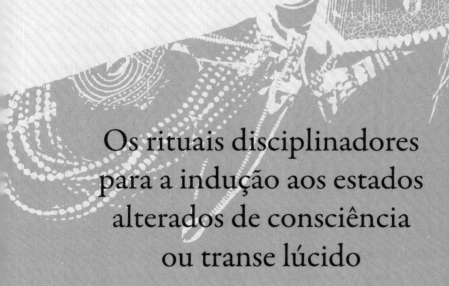

Os rituais disciplinadores para a indução aos estados alterados de consciência ou transe lúcido

Somos seguidamente advertidos de que o fundamento principal do progresso e do êxito de qualquer trabalho mediúnico reside nos objetivos elevados de seus integrantes. Só assim entidades zombeteiras e de baixo escalão vibratório não conseguirão interferir nas atividades a serem desenvolvidas. Claro está que isso é pré-requisito básico e indispensável a toda reunião de intercâmbio com os espíritos e os elementos utilizados; a organização ritual e tudo o mais se tornam secundários diante dessa premissa, embora sejam também importantes.

Por mais que tenhamos elementos de rito, defumação, atabaques, folhas, cheiros e sons, que nos dão as percepções que nos estimulam por meio de símbolos, que podem ser visuais, sonoros ou de palavras faladas e alegorias litúrgicas, é somente por meio da elevação psíquica interna de cada membro da corrente mediúnica que podemos chegar ao padrão vibratório coletivo necessário, ao "alinhamento" com as falanges espirituais que nos envolvem de maneira consciente, efetiva e amorosa.

Há que se esclarecer definitivamente: a religião de Umbanda não é uma degeneração de outras religiões, mas inquestionavelmente a terapêutica eletiva e necessária, fruto do sentido comum predominante na religiosidade do brasileiro. A Umbanda é uma vivência ritualista, o que não a diminui diante das outras formas organizadas de doutrina que se baseiam em roteiros e diretrizes de trabalho, embora reconheçamos que a verdadeira espiritualização ocorre no íntimo de cada ser, e não pela mera aplicação de fórmulas exteriores. E, atualmente, já temos comprovações da medicina, especificamente da psiquiatria, que mostram serem os rituais religiosos mediúnicos invariavelmente associados ao benefício à saúde.

Os rituais religiosos públicos, como as sessões de caridade umbandistas para a assistência, e privados – iniciações internas/sessões de desenvolvimento mediúnico – são métodos poderosos para manter a saúde mental e para prevenir o início ou a progressão de distúrbios psicológicos. Ajudam a pessoa a enfrentar o terror, a ansiedade, o medo, a culpa, a raiva, a frustração, a incerteza, o trauma e a alienação, a lidar com emoções e ameaças universais, oferecendo um mecanismo para delas se distanciar ou conviver melhor. Reduzem a tensão pessoal e do grupo, a agressividade, moderam a solidão, a depressão, a sensação de não ter saída e a inferioridade. A falta de frequência a uma religião ou de pertencimento a uma comunidade religiosa ainda nos priva, por nosso individualismo primário, dos benefícios produzidos pelos rituais encenados pela maioria, caminhos antiquíssimos para a saúde psicológica, pois incorporam cognições, filiação grupal, ação litúrgica coletiva e catarses individuais, como as chamadas "incorporações" dos terreiros – estados alterados de consciência – de entidades espirituais.

O médium aspirante adquire a convicção íntima, vivenciada, com os usos e costumes cerimoniais dos terreiros umbandistas, que se utilizam de sugestões – sons, gestos, cheiros e cores –, adesão à comunidade e participação dinâmica de grupo, despertar das emoções, liberação de sentimentos negativos e reintegração emocional, criando sensação de paz, direção e controle do próprio psiquismo. São conduzidos em ambientes carregados de emoção positiva e proveem caminhos para "escape", purificação, catarse e alcance do poder de realização pessoal e fortalecimento da vontade.

Não só a incorporação com os Guias Astrais serve para o exercício da caridade, auxiliando em amplos sentidos aos que batem à porta dos terreiros buscando ajuda. Notemos que o passar do tempo vivenciando a Umbanda é de grande valia para as catarses dos adeptos, com redução de ansiedades, fobias, recalques e situações psicológicas estressantes.

Notadamente, as experiências iniciáticas internas, por meio do apoio vibratório das abnegadas entidades espirituais e dos eflúvios divinos dos Orixás, permitem o reconhecimento e a instalação do alívio emocional em um ambiente controlado e adequado aos cerimoniais indutores de estados alterados de consciência – experiências místicas mediúnicas –, com limites precisos para expressá-los adequadamente, dando segurança e sentimento de pertença aos participantes. Essa liberação de sentimentos reverte a repressão que doutrinas castradoras impõem ao ser, impedindo a naturalidade do movimento do corpo, afinal o indivíduo nunca é e não pode ser só mental. O ritual engaja o participante em comportamentos que reforçam a conexão e a ligação com o Divino, o sagrado e o sobrenatural do mundo dos espíritos que amparam uma comunidade religiosa de Umbanda.

O sentimento de pertencer a uma egrégora ou corrente mediúnica facilita a resposta catártica, por meio da qual as emoções e os ritmos corporais reprimidos são permitidos e podem ser trazidos à manifestação pela consciência alterada, expressando-se naturalmente e sem preconceitos: o brado do caboclo, a dança do Orixá, a benzedura do preto velho, a alegria da criança, a gargalhada do exu, entre tantas outras manifestações desrepressoras no mediunismo de terreiro.

Os rituais de Umbanda evoluem e adotam uma lógica de assimilação de grande porosidade, no sentido de que "se ligam" às suas origens africanas que mantiveram vivo o panteão dos Orixás amalgamados com a nossa herança cabocla, da pajelança e do xamanismo, raízes ancestrais que se imbricam com o catolicismo popular, com o espiritismo e sua doutrina evolutiva e que instruem sobre os mecanismos cármicos, estruturando práticas iniciáticas de grande plasticidade, pela absorção em maior ou menor grau dessas diferentes formas religiosas. Estabelece-se uma capacidade ímpar de adaptação ao novo, em que qualquer elemento de outra religião da atualidade pode ser abarcado sem descaracterizar a essência da Umbanda, que é "a manifestação do espírito para a caridade". Equivocadamente, a ideia de corrente de "sincretismo" vulgariza os rituais de Umbanda como algo primitivo, de excessos alegóricos sem fundamento, mas isso de fato é uma incompreensão dos que foram confinados à escravidão de "verdades" únicas.

Em verdade, a Umbanda é uma religião aberta ao atípico e inesperado, desde a manifestação do Caboclo das Sete Encruzilhadas, e que, desde sua prática inicial até os dias de hoje, elabora tipos, memórias e sentidos normalmente marginalizados e excluídos do contexto social e religioso ortodoxo vigente, permitindo o aparecimento de novas entidades e a recriação de outras. Obviamente, os rituais que sustentam as sessões de Umbanda são um meio de organizar essa diversidade sem perder a essência inicial: "a manifestação do espírito para a caridade".

Assim, do nosso humilde ponto de vista, a religião umbandista mergulha profundamente no inconsciente coletivo da realidade brasileira, buscando ininterruptamente nesse manancial espiritual sua fonte de inspiração, transformando figuras do cotidiano popular e expressando-as em seu mais profundo significado espiritual para nossa evolução anímico-consciencial: a austeridade do caboclo, a humildade do preto velho, a irreverência dos baianos, a alegria dos ciganos, a gargalhada do exu, a concentração dos orientais, a força dos boiadeiros, o choro da cabocla das águas, o brado do caboclo flecheiro de Jurema, a "malandragem" urbana que se adapta facilmente às dificuldades etc., moldando um mosaico universalista em que os rituais são a mera costura da diversidade de espíritos que respeita seus modos peculiares, sem falsas padronizações, alteridade vivenciada nos terreiros e advinda do próprio Criador.

A espontaneidade para reinterpretar fundamentos e tradições do passado, unindo conhecimentos semelhantes e fazendo convergir os espíritos ancestrais e os personagens espirituais típicos de culturas que formaram o povo brasileiro, mostra-nos uma costura profunda para vestir-nos melhor, elaborada pela Mente Universal – do nosso Deus Criador. Assim como todas as estrelas do firmamento são fontes de uma única luz cósmica, variando em intensidade, frequência, tamanho e luminosidade, o microcosmo umbandista garante a mínima unidade doutrinária capaz de abraçar diversas linguagens, tecendo um grandioso roteiro pedagógico que objetiva nos educar na convivência fraternal uns com os outros.

É uma busca constante de interpretarmos e convivermos com as diversas combinações possíveis de espíritos pelo canal da mediunidade, cada um com sua cultura e seu modo peculiar, todos unidos aprendendo com os que sabem mais e ensinando os que sabem menos. Com isso, aprendemos, acima de tudo, nessa multifacetada linguagem espiritual dos terreiros de Umbanda, a ser consciências mais amorosas, num processo que exige a interiorização constante, que só se adquire com o tempo e que se aperfeiçoa gradativamente com a prática ritual.

Os rituais de Umbanda conduzem os cidadãos a uma vivência que é fruto de releituras de outras práticas e princípios doutrinários, notadamente africanos e ameríndios, católicos e espíritas, em conformidade com a necessidade de adaptação ritual de cada agremiação, que, por sua vez, rege as relações das criaturas com o mundo dos espíritos e daí conduz a um processo de religiosidade libertador e benfeitor. É notório que essa lógica inclusiva permite a existência da Umbanda sem estar "aprisionada" a uma única forma ritual e, por essa razão, toda e qualquer tentativa de uniformização que objetive uma possível codificação está fadada ao fracasso.

A pluralidade se manifestou desde o início da Umbanda em solo pátrio, e ela não foi plasmada pelo Alto para ser mais uma religião codificada, eivada de códigos rígidos emanados de um corpo sacerdotal ungido e sacralizado, à frente da maioria de adeptos profanos e imperfeitos. Essa ampla frente de trabalho abarcou o máximo de consciências em menor tempo possível e demonstra, sob seu pano de fundo de execução ritual, a unidade na diversidade: a evolução do espírito imortal que deve aprender a conviver com as diferenças que não separam, mas unem, num mesmo propósito existencial – auxiliar o próximo e exercitar o amor incondicional.

Logo, o ritual de uma sessão caritativa de Umbanda é dos mais importantes e determina toda a sustentação vibratória magística com os Orixás, que serão fundamentais para a atuação mediúnica dos benfeitores espirituais. Não por acaso, são momentos ritualizados em um método que exige disciplina, silêncio e concentração, que devem ser acompanhados de atitudes mentais e disposições emocionais imbuídas da mais alta fraternidade e de amor ao próximo. São instrumentos de elevação coletiva do psiquismo que "abrem" o acesso aos planos suprafísicos e atemporais, um tipo de elevação vibratória que vai sendo criado e desenvolvido no interior de cada um dos médiuns, proporcionalmente ao grau de união e uniformidade ritualística que se tenha na corrente. O objetivo é a criação e a sustentação da egrégora, pela emanação mental dos integrantes da corrente, nos quais os espíritos do lado de lá atuarão "ancorados", para se manifestarem através do canal da mediunidade.

Abrir os trabalhos rituais é "destrancar" nosso templo interior de medos, recalques e preconceitos para sermos "ocupados", envolvidos fluidicamente pelos Guias Espirituais; todos participando de um mesmo ideal – doação ao próximo –, somente com a calma interior, abstraindo-se dos pensamentos intrusos que preenchem a mente com preocupações ligadas à sobrevivência na matéria, esvaziando o psiquismo periférico sintonizado com os sentidos do corpo físico, indo ao encontro do verdadeiro eu interno, a essência espiritual imorredoura e atemporal que anima cada um de nós. Em silêncio e serenados, conseguiremos ser instrumentos úteis de trabalho aos nossos mentores, enviados dos Orixás.

Devemos viver e sentir com intensidade o que está se passando durante os trabalhos. Nessa ocasião, está sendo levado a cabo um momento sagrado de expansão de nossas potencialidades anímicas, mediante forças cósmicas que nos permitem sintonizar nosso templo interior e, a partir desse estado de alma, entrar e estar em contato com os benfeitores espirituais que nos guiam mediunicamente e protegem durante os atendimentos aos consulentes.

A criação da verdadeira egrégora coletiva se dá na medida em que todos os membros da corrente estejam conscientes de que tudo acontece no plano sutil, oculto às nossas percepções sensórias ordinárias, não sendo um simples formalismo ritualístico, repetitivo, enfadonho, para podermos começar e manter uma sessão caritativa de Umbanda, que atende centenas de encarnados e desencarnados.

Infelizmente, muitas vezes certos médiuns estão desconcentrados, olhando para os lados, absortos, entediados com o ritual, atentos ao relógio, com os semblantes pesados, cheios de preocupações e, não por acaso, ao final dos trabalhos, não estão bem, com algum espírito sofredor "colado" em suas auras, pois o afim atrai o afim, carecendo esses médiuns de atendimento e dedicação dos demais membros da corrente. É necessário o esclarecimento frequente, pelos dirigentes, no sentido mais amplo da abertura dos trabalhos mediúnicos de uma sessão de caridade umbandista, orientando quanto aos seus aspectos esotéricos, metafísicos e transcendentais.

É imperiosa a conscientização de todos os participantes dos trabalhos práticos de Umbanda, buscando-se sempre o objetivo maior de quaisquer ritualismos, que são a coesão e a uniformidade da corrente, e, assim, mantendo-se a sustentação vibratória pelo intercâmbio mediúnico superior. Na maioria das vezes, quando ocorre "quebra" de corrente, verificamos que alguns componentes dos trabalhos estavam desconcentrados. Em outras ocasiões, quando o medianeiro efetivamente está com interferência espiritual externa que influencia negativamente seu psiquismo, deve ser afastado "provisoriamente" dos trabalhos, para ser atendido espiritualmente, obtendo o tempo necessário para refletir sobre seu estado mental, mudando a condição psíquica e emocional que o está prejudicando como médium.

Diante de tudo o que foi dito até aqui, tentamos demonstrar aos médiuns aspirantes e aos estudantes espiritualistas de todos os matizes que Umbanda não é só deixar os guias incorporarem. Não se iluda com a profusão de trejeitos, usos e costumes externos, de muitos elementos e acessórios ao intercâmbio mediúnico. Acima de qualquer prerrogativa ritolitúrgica ou de métodos indutores aos estados alterados de consciência, partem internamente de cada criatura as condições psíquicas à comunicação mediúnica com os benfeitores espirituais. É como fazer um pão, que, mesmo tendo os melhores insumos, um forno excepcional e um padeiro espetacular, se o fermento não for adequado, não ficará bom. Simbolicamente, cada um deve fermentar dentro de si, elaborando a ligadura que sustentará a mediunidade, sendo tudo o mais acessório; necessário, mas não indispensável.

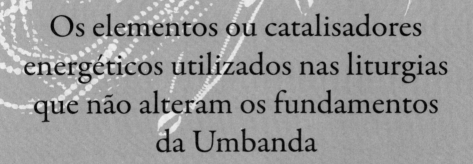

Os elementos ou catalisadores energéticos utilizados nas liturgias que não alteram os fundamentos da Umbanda

Certa feita, um médium iniciante foi falar com o dirigente do terreiro, incorporado no Guia-Chefe, um caboclo, pois estava ansioso em saber algumas coisas:

– Meu pai, preciso saber urgentemente quem são meus Orixás e com quais entidades vou trabalhar!

– E por que está pressa, meu filho? – respondeu o caboclo.

– É que tenho amigos em outro terreiro e, quando souberam que eu estava frequentando a Umbanda, me fizeram essas perguntas e eu não soube responder.

– Vou te ensinar a resposta. Quando te perguntarem novamente, responda: "Sou filho do Orixá Humildade e do Orixá Caridade, as entidades com as quais vou trabalhar são Fé, Amor, Paciência e Perseverança".

O médium ficou olhando sem entender as palavras da entidade, que continuou:

– Meu filho, na Umbanda, não temos de nos preocupar com quem são nossos Orixás, temos o dever de cultuar a todos com a mesma fé, dedicação e amor.

Esse pequeno enredo nos chegou pelas redes sociais. Não nos preocupamos em saber sua procedência, pois isso não é o mais importante, diante do fato de ser totalmente verossímil, provável, factual e ocorrência que se repete nos neófitos.

A Umbanda é tão simples e fácil que, para muitos, se torna complexa e difícil, pois nos exige tão "somente" humildade, fé, amor, paciência e perseverança, e o melhor roteiro para alcançarmos esse estado de consciência é o evangelho de Jesus.

Quando um médium aspirante entra numa corrente e começa a participar dos trabalhos práticos, ele deve ter paciência redobrada e humildade centuplicada, dando tempo ao tempo para aprender e saber mais. Em verdade, sua postura pessoal e atitudes diante do Sagrado e dos irmãos de corrente contam muito mais do que qualquer conhecimento enciclopédico, pois o "saber" hoje está a um toque de *mouse* ou de se apertar uma tecla na frente do monitor, como vemos muitos jovens explicando tudo da "Umbanda", mas sem nunca terem pertencido a uma comunidade terreiro.

Obviamente, saber quem são nossos Orixás Regentes, quais as forças divinas que influenciam nosso Ori – cabeça – e as manifestações mediúnicas decorrentes será importante em certo momento de nossa caminhada, em que estaremos mais maduros e calejados com o tempo de terreiro praticado, para o nosso autoconhecimento e burilamento pessoal. O que as veneráveis entidades de Umbanda orientam é exatamente que trabalhemos em nós, solidificando internamente valores que nos deem segurança e desenvoltura diante da Lei de Afinidade, pois de nada adianta saber e não atrair essas forças, não fixá-las, por nossa baixa moralidade, interesses egoístas e imaturidade espiritual.

Claro está que precisamos ter condições mínimas, digo materiais e não só psicológicas, para a realização de fato da caridade. Que bom seria se todos nós tivéssemos o desapego de um "santo", de um espírito que serve incondicionalmente a humanidade. Mesmo se assim o fosse, se tivéssemos em nós as qualidades morais de Francisco de Assis, Buda ou Gandhi, ainda não conseguiríamos nos reunir e dar passes nos consulentes debaixo das copas das árvores, sem teto, sem luz, sem água, sem banheiro, sem cozinha ou geladeira para o lanche, sob as intempéries climáticas do verão causticante ou do inverno gélido, como era na época de Jesus, e com certeza seríamos assaltados se tentássemos, tais a violência e a insegurança que grassam nos centros urbanos na atualidade.

Os críticos de plantão, sempre apontando defeitos nos outros e exaltando atributos que eles mesmos não adquiriram, não fazem a mínima ideia do que é manter um centro de Umbanda com tudo o que deriva disso: aluguel, água, luz, manutenção, material de higiene e limpeza, faxina, materiais litúrgicos e ritualísticos, como velas, flores, perfumes, outros.

Uma casa espiritualista caritativa não vive do prana e precisa materializar as condições básicas para sua preservação, manutenção e expansão. Por exemplo, uma assistência de 200 pessoas precisa ter cadeiras para todos sentarem, adaptação de rampas de acesso para cadeirantes e, no mínimo, dois amplos e limpos banheiros. Na maioria dos terreiros, somente a módica mensalidade do corpo mediúnico não é o suficiente para tudo o que se tem de custeio de uma organização religiosa caritativa, pois muitos têm baixos salários e por vezes estão desempregados, contribuindo de outra forma com a casa, já que ficam impedidos de auxílio monetário.

Outros dirão que existem muitas casas que visam ao lucro; aí se veem pessoas com carrões e banheiros sem água, roupas cobertas de joias e bancos capengas para os visitantes. Cobra-se até de um irmão desempregado e doente que precisa de ajuda. Então, perguntarão: onde fica a caridade? Neste caso, não existe caridade. Simples assim.

O outro lado dessa questão é que muitos procuram a caridade num centro, chegam com carrões, são bem-sucedidos, têm empregos magníficos, são empresários, herdeiros de fortunas, verificam que o terreiro é simples, nada cobra e tem precariedades materiais, mas não são capazes sequer de doar uma vela, um rolo de papel higiênico, um material de limpeza.

A verdadeira caridade começa dentro de cada um de nós. A maioria só quer a caridade para si, poucos a fazem para o outro. Raríssimos são como Francisco de Assis, Gandhi ou Chico Xavier, que conseguiram abdicar dos apelos de seus egos em favor de uma causa, de um grupo, de uma comunidade ou coletividade.

Jesus viveu de doações durante sua caminhada terrena, pregando aqui e acolá; alimentava-se na casa de um e de outro, ocasiões e locais em que fazia sua higiene pessoal, banhava os pés. Não conseguimos nem um grão de areia de graça hoje em dia, e um centro espiritualista se constrói com muitos tijolos. E, mesmo assim, muitos saem a campo para depredar, destruir, difamar, como estamos verificando na exacerbação da intolerância religiosa. Precisamos ter atitudes de nos fazer ver e sermos respeitados. Para isso, os centros espiritualistas de Umbanda devem estar limpos, com banheiros adequados, pintados, cadeiras condizentes, extintores de incêndio, saídas de emergência e, agora, com plano de prevenção contra incêndio para liberação de alvará de funcionamento; além de necessitarmos, nos grandes centros urbanos, de cerca elétrica, alarme e segurança com monitoramento eletrônico contra assaltos. Tudo isso para fazermos a caridade, e não sai de graça. Para concretizarmos a *caridade real*, devemos agir, pois estamos na matéria, e nem um grão de areia construímos sem esforço e ações concretas.

O médium iniciante deve observar se o terreiro que o abriga é limpo, independentemente dos melhores elementos ritualísticos que possa utilizar; a falta de higiene, a poeira e outras "sujeiras" só demonstram o tipo de espírito afim que ali está vibrando. Imagine você colocando uma linda rosa num altar, um congá empoeirado, com dejetos de insetos etc. ou mesmo num outro assentamento vibratório qualquer. As vibrações dos Orixás e os falangeiros, pode ter certeza, não são afins com imundície, muito menos com falta de higiene pessoal. O que somos por dentro tem de estar de acordo com o que parecemos por fora. Nada adianta sermos espiritualizados e nos apresentarmos suados, sujos e fétidos para um trabalho mediúnico.

Digressões feitas, vamos então falar dos importantes – mas não indispensáveis – elementos ou catalisadores energéticos utilizados nas liturgias que não alteram os fundamentos da Umbanda. Temos de salientar essa questão dos elementos *versus* fundamentos. Quando introduzimos os elementos de percussão – atabaques e cânticos – no Grupo de Umbanda Triângulo da Fraternidade, fomos "acusados" de não seguir os fundamentos da Umbanda. Possíveis normas de rito, aqui ou acolá, não podem ser confundidas com fundamento: gratuidade, não sacrifício animal, não utilização do sangue ou imolações, respeito ao livre-arbítrio e ao merecimento individuais. Citamos o básico para refletirmos em que o toque harmônico de um atabaque acompanhando os pontos cantados em nada pode alterar fundamento. O que existe é muito preconceito, pureza, proprietários da verdade e um ranço etnocêntrico muito forte em algumas criaturas, como se elas fossem eleitas e superiores às demais.

Quanto aos elementos propriamente ditos, são tudo o que é usado nos ritos e nas liturgias umbandistas. Entendemo-los em duas interpretações básicas: os *elementos materiais*, como água, bebidas, cristais, pedras, velas, fumo, imagens, guias etc.; e os *elementos ritualísticos e litúrgicos*, como toques de atabaques, baterem-se palmas, saudações diversas etc.

Importa que os elementos não alterem fundamentos, podendo ser utilizados amplamente dentro da diversidade umbandista. Um elemento altera fundamento quando subtrai o núcleo duro da Umbanda: não cobrar e não sacrificar animais. Logo, se uma casa usa penas de aves em certos adornos rituais e não sacrifica, não alterou fundamento. Simples assim.

Relembraremos alguns conceitos básicos necessários tanto para os assistentes quanto para os médiuns iniciantes, sem nos tornarmos repetitivos, já que também foram abordados no livro *Iniciando na Umbanda*, primeiro volume da trilogia *Registros da Umbanda*, anterior a este segundo volume.

A água, sem dúvida, é o elemento mais utilizado na Umbanda. Encontra-se em todos os tipos de assentamentos vibratórios, altares e firmezas. É um dos elementos naturais mais receptivos, com uma energia altamente atratora e condutora, sendo utilizada principalmente pelos Guias Espirituais nos momentos em que há a necessidade de realizar imantação ou fixação fluídica, limpeza, purificação e energização de nosso corpo astral e do terreiro. Afinal, existem cargas e energias negativas que somente esse elemento natural é capaz de desfazer, limpar e equilibrar. Além disso, a água representa vida, pois sem ela não existe nada vivo no planeta. É utilizada nos assentamentos vibratórios diversos dentro da comunidade terreiro. Importante observar se, nas descargas energéticas, é utilizado esse elemento, bem como em portas de entradas e locais de passagem no ambiente do terreiro.

O neófito médium se deparará com mais de um assentamento vibratório dentro do Espaço Sagrado, onde estão localizados o congá e o ambiente consagrado em que acontecem os passes e os aconselhamentos espirituais. Um assentamento vibratório é um centro ou ponto focal de influência magnética, cujo valor intrínseco não está somente na sua existência como instrumento ritualístico, mas, acima de tudo, no que ele representa: uma manifestação de fé, um elemento de ligação metafísica e um potente concentrador e dinamizador energético. O objetivo principal de um assentamento é potencializar determinada vibração, "materializada" no duplo etéreo dos elementos arrumados e dispostos, devidamente consagrados e ritualizados, criando potentes campos de forças que funcionam como verdadeiros portais, nos quais os espíritos guias transitam se apoiando para se fixarem no espaço sagrado e, ao mesmo tempo, manterem adequadamente o intenso rebaixamento vibratório que se impõe para fazerem sentir-se pelos medianeiros através da chamada mecânica de incorporação.

Temos diversos tipos de assentamentos vibratórios: o congá (altar), as firmezas e tronqueiras e o cruzeiro das almas, que descreveremos em breve, não antes de elucidarmos alguns conceitos fundamentais à compreensão dos pontos de forças utilizados numa sessão prática de caridade umbandista, a popular engira. A Umbanda é rica em rituais, repleta de simbolismos, significantes e significados. Cada elemento possui um direcionamento, uma serventia, que deve estar associado à intenção e à força mental em sua manipulação: a água é força vital magnetizadora que atrai fluidos ruins ou bons; a bebida destilada tem grande alcance por seu poder de volatilização e várias utilidades magísticas; o sal descarrega e neutraliza energias ruins; o mel atrai doçura e "esquenta" as emoções; o azeite de dendê enceta vigor no ambiente.

A parte litúrgica, a sequência e a ordenação dos ritos, os cânticos, as palavras de imprecação, encantamento e invocação têm várias finalidades nos campos de saúde, prosperidade, fortalecimento espiritual e equilíbrio emocional. Tudo isso tem valia se associado ao amparo e à cobertura dos Guias Astrais pelo canal da mediunidade, e é indispensável a todos os envolvidos, para o alcance dos benefícios buscados nos rituais praticados e o exercício das qualidades inerentes ao bom caráter, como perseverança, respeito, humildade, paciência, amor ao próximo e, principalmente, trabalho duro para atingir os objetivos almejados. Tudo o que é feito na Umbanda depende do pensamento, seja de sensitivos encarnados, seja de entidades desencarnadas.

O pensamento é força dinâmica e magnética, como a gravitação, que tem coesão e repulsão. Todo pensamento possui peso, forma, tamanho, estrutura, cor, qualidade e poder com repercussão no plano etéreo astral. Os pensamentos são como coisas, "materializam-se". Da mesma maneira que você entrega uma flor, uma laranja ou um livro a um amigo, também pode dar um pensamento útil. O pensamento é uma grande força, move-se, cria, e você poderá operar milagres com o poder do pensamento. Precisa saber a técnica certa de como manipulá-lo e usá-lo, e é exatamente isso que todo o ritual, com seus diversos elementos, objetiva na Umbanda.

Existe a lei do pensamento que diz: semelhante atrai semelhante. Os pensamentos são emitidos e magneticamente atraem coisas símiles que estão na mesma frequência vibratória. Nossa mente é como um aparelho de rádio. Os pensamentos e os sentimentos são como mensagens radiofônicas e têm uma modulação de onda "eletromagnética". São transmitidos pelo éter e captados por seres, vivos ou "mortos", cujas mentes são receptivas a essas vibrações.

O que isso tudo tem a ver com os assentamentos vibratórios? Tem muito a ver! Iniciar-se na Umbanda é um processo concreto e material, independentemente de ser espiritual. Não é só uma educação sobre rituais, liturgias, cantigas e consagrações, mas um processo dialético de objetivação e "apropriação" de forças sagradas, em que as irradiações dos Orixás e de seus falangeiros vão sendo construídas, lapidadas, amadurecidas no psiquismo, concretizando-se e nascendo paulatinamente no altar e templo vivo que é o médium, por meio de seu corpo, suas emoções e sua mente. Podemos afirmar que o próprio médium também é um catalisador energético, quando se encontra em transe, com todo o gestual característico dos estados alterados de consciência no mediunismo de terreiro. Mas, além do mundo interior psíquico dos médiuns, por nossa desconcentração habitual, são necessários assentamentos vibratórios externos para que possamos aquietar e fixar nossas mentes e nossos pensamentos, conectando-nos adequadamente com o mundo espiritual.

Quando falamos do corpo, esperamos que compreendam que não falamos somente da parte física, material da questão. Temos de entender que temos mais de um corpo, temos os corpos sutil, etéreo, astral e mental. Os corpos são elos que ligam planos diferentes formando uma corrente, e é a partir da união de diversos elos que estabelecemos nosso contato com o mundo dos espíritos e dos Orixás;

nossa conexão com os falangeiros espirituais irradiados e enfeixados por linha com os Orixás não ocorre somente por meio da manifestação, mas do pensamento, da reza, da fala, da conversa, dos rituais, dos simbolismos, dos preceitos etc. Tudo isso gira em torno de nossos corpos, sai e vem de encontro a nós.

Um assentamento vibratório de Orixá é uma representação simbólica, de uma força sagrada, no espaço físico do terreiro de Umbanda. Podem-se utilizar imagens para representar um Orixá, mas o que tem valor vibratório são alguns elementos, como folhas, minerais, líquidos, sementes e, principalmente, pedras ou cristais.

Há de se esclarecer que um Orixá não é propriamente dito um elemento ou ponto de força da natureza, mas se "expressa" por meio deles. Assim, para os adeptos da Umbanda, sentir a brisa do vento em um dia de tormenta com raios significa "sentir" Iansã; olhar para uma pedreira é como estar admirando Xangô: ver o mar é simbolicamente apreciar Yemanjá; ouvir o chilreado de um pássaro na mata e uma cigarra cantar é escutar Oxossi.

No aspecto interno dos terreiros umbandistas, é possível "materializar" essas forças, consagrando-as liturgicamente, para fins de mediunismo caritativo. Acalmamos nossas mentes, assim como um católico olha uma imagem de santo ou um hindu uma divindade, ao visualizarmos um assentamento vibratório de Orixá, que pode ou não estar disposto no altar principal do espaço sagrado, que é o congá. Ainda, podem estar resguardados em um local para acesso só dos adeptos ou no abassá – espaço público sagrado do terreiro.

Um assentamento vibratório não "prende" e muito menos "assenta" um Orixá, que é uma irradiação divina, cósmica e livre. Todavia, representa apenas a ligação vibracional entre dois espaços dimensionais que convivem lado a lado, o físico e o espiritual. É uma espécie de ponte ou portal entre dois planos de existência, abrindo canais de comunicação em que nossas mentes criam e potencializam energias o tempo todo no terreiro. Em verdade, não existe separatividade na religião de Umbanda, mas um simbolismo significativo para traduzir a ininterrupta e contínua união entre o mundo espiritual e o material, sendo este último consequência do primeiro.

Nos assentamentos vibratórios dos Orixás, são feitas as oferendas, não necessariamente oferendas de agrado, o que não é comum na Umbanda. Em verdade, não é preciso um local específico para se oferendar a um Orixá, como no caso de um agradecimento por uma graça recebida, o que pode ser feito em qualquer local na natureza com prece sincera e sentimento elevado. Existe todo o sentido, sendo o assentamento vibratório do Orixá um ponto de ligação e potencialização com essas irradiações divinas, em fazer preceitos de reforço ao Ori – cabeça – dos médiuns nesses locais consagrados no terreiro. Assim, em determinadas situações, o dirigente prescreve os elementos e elabora o singelo rito para fortalecimento anímico-mediúnico do trabalhador, que poderá ficar deitado por algum tempo com a cabeça virada para o assentamento.

Há de se explicar adequadamente essa questão dos preceitos. Um preceito é um fundamento passado ao médium, que deve cumpri-lo rigorosamente como preceituado, para que tenha seus efeitos energéticos, magísticos e mediúnicos como se espera. Trata-se de um processo mais profundo de transmissão e reposição de axé – fluido vital ou prana – em correspondências afins às vibrações dos Orixás que precisam ser acalmadas (esfriadas) ou excitadas (esquentadas) no psiquismo do médium, em seu Ori.

Assim, ao se executar o preceito num assentamento vibratório, está se fazendo uma ligação com o duplo etéreo dos elementos utilizados, que, por sua vez, são "explodidos" com a utilização de alguns cânticos e palavras de encantamento, facilitando o manejo dos iniciadores astrais, os guias do terreiro em parceria com os guias individuais do médium, verdadeiros operadores dos preceitos.

Logo, um assentamento vibratório de Orixá é uma ferramenta que agiliza, direciona e potencializa determinados fluidos, fazendo-os se dinamizarem, tornarem-se mais etéreos, a partir daí propiciando aos espíritos que trabalham enfeixados nas irradiações dos Orixás procederem a certas operações na delicada contextura do corpo astral, duplo etéreo, chacras, nadis (formação de energia na forma de estreitos canais nos quais o prana flui e pode se conectar aos chacras) e meridianos ("fios" condutores de energia entre os chacras e demais pontos vitais do corpo fluídico) do médium.

Um assentamento vibratório é feito de elementos materiais semelhantes em vibração à vibração original do Orixá. A finalidade da composição desse "ponto de força", de extrema importância magística por dentro do ritual e Lei de Pemba na Umbanda, é estabelecer uma relação que traduza no espaço sagrado do terreiro a matéria etérica que o elemento tem, "traduzindo" a manifestação vibracional ou irradiação magnética do Orixá.

Conhecer essas relações e suas associações corretas umas com as outras é um aprendizado longo, prático e que exige verdadeira cobertura mediúnica dos Guias Astralizados. O principal elemento utilizado é a pedra ou cristal do Orixá, pois é o catalisador genuíno, formado pela natureza, que tem longevidade de imantação e existência perene em sua constante irradiação magnética, forças genuínas contidas no otá – pedra – que são "explodidas", expandidas e espargidas no ambiente etéreo astral, durante os cânticos, as invocações, as evocações e as imprecações mágicas que acontecem nas reuniões ritolitúrgicas que estruturam o mediunismo de terreiro.

É importante comentar que cada preceito individualizado feito em um assentamento vibratório de Orixá – ou em mais de um, dependendo do caso – exige profundo conhecimento do Ori do médium, da sua coroa mediúnica. Um preceito estabelece uma ligação única entre o indivíduo e as vibrações dos Orixás que compõem o seu Eledá, ou coroa mediúnica, notadamente no tocante ao Orixá de frente e adjunto.

O processo de individualização que é conduzido pelo chefe de terreiro foi previamente definido na arte divinatória de Ifá ou Merindilogun – jogo de búzios –, nos terreiros que adotam a divinação oracular, ou pela orientação segura de um Guia Astral de fato incorporado. A partir disso, é elaborado o enredo de uma ritualística individualizada, composta também de liberadores vibracionais ou catalisadores energéticos, certos elementos materiais como folhas, flores, sementes grãos, líquidos etc., específicos à carência ou ao excesso energético do médium, tendo sido ele próprio preparado antes de reencarnar para ser um receptáculo vivo dessas vibrações – dos Orixás – e dos falangeiros, um templo divino único e incomparável, que constitui o caminho metafísico de ligação entre o seu psiquismo interno e o mundo espiritual.

Assim, é de suma importância o manejo adequado dos elementos, em conformidade com as energias e as vibrações que precisam ser acalmadas ou excitadas, esfriadas ou esquentadas no Ori – cabeça – do sensitivo trabalhador, fortalecendo adequadamente seu tônus anímico mediúnico, ampliando seu discernimento mental e propiciando maior clareza de raciocínio, para que possa entender melhor os passos que tem que dar nos caminhos que se apresentam em conformidade com seu destino – plano de vida.

Preferencialmente, na maioria dos terreiros de Umbanda, os assentamentos vibratórios dos Orixás são coletivos. Todos os médiuns são livres para, a qualquer momento, se desligarem do terreiro, não havendo necessidade de preocupação com posse de assentamentos individuais, fato mais comum em nossas religiões irmãs da matriz afro-brasileira.

Feitas essas elucidações, vamos detalhar alguns elementos e usos litúrgicos comuns praticamente em todos os terreiros.

O congá é um altar ritualístico, onde ficam os símbolos, os elementos de irradiação, as imagens etc. É o ponto de força de maior atração e irradiação do terreiro, que também é um tipo de assentamento vibratório. Por sua importância, vamos elucidar os fundamentos e as funções de um congá. É o mais potente aglutinador de forças dentro do terreiro: é atrator, condensador, escoador, expansor, transformador e alimentador dos mais diferentes tipos de energias e magnetismo. Existe um processo de constante renovação de axé que emana do congá, como núcleo centralizador de todo o trabalho na Umbanda. Cada vez que um consulente chega à sua frente e vibra em fé, amor, gratidão e confiança, renovam-se naturalmente os planos espiritual e físico, numa junção que sustenta toda a consagração dos Orixás na Terra, na área física do templo.

Vamos descrever as funções do congá:

• **Atrator:** atrai os pensamentos que estão à sua volta num amplo magnetismo de recepção das ondas mentais emitidas. Quanto mais as imagens e elementos dispostos no altar forem harmoniosos com o Orixá regente do terreiro, mais é intensa essa atração. Congá com excessos de objetos dispersa suas forças.

• **Condensador:** condensa as ondas mentais que se "amontoam" ao seu redor, decorrentes da emanação psíquica dos presentes: palestras, adoração, consultas etc.

• **Escoador:** se o consulente ainda tiver formas-pensamentos negativas, ao chegar à frente do congá, elas serão descarregadas para a terra, passando por ele (o congá) em potente influxo, como se fosse um para-raios.

• **Expansor:** expande as ondas mentais positivas dos presentes; associadas aos pensamentos dos guias que as potencializam, são devolvidas para toda a assistência num processo de fluxo e refluxo constante.

• **Transformador:** funciona como uma verdadeira usina de reciclagem de lixo astral, devolvendo-o para a terra.

• **Alimentador:** é o sustentador vibratório de todo o trabalho mediúnico, pois junto dele fixam-se no Astral os mentores dos trabalhos que não incorporam.

Todo o trabalho na Umbanda gira em torno do congá. A manutenção da disciplina, do silêncio, do respeito, da hierarquia e do combate à fofoca e aos melindres deve ser uma constante dos zeladores (dirigentes). Nada adianta um congá todo enfeitado, com excelentes materiais, se a harmonia do corpo mediúnico estiver destroçada; é como tocar um violão com as cordas arrebentadas.

Caridade sem disciplina é perda de tempo. Por isso, para a manutenção da força e do axé de um congá, devemos sempre ter em mente que ninguém é tão forte como todos juntos.

As firmezas e as tronqueiras não deixam de ser igualmente tipos de assentamentos vibratórios. As tronqueiras, aquelas casinhas nas entradas dos terreiros, têm como finalidade ser um ponto de força de exu. Ali está firmado um "portal" em que os espíritos enfeixados na irradiação de exu trabalham, numa outra dimensão, mas com atuação direcionada para o Plano Físico, de proteção e guarda ao terreiro. Esse ponto de força funciona como um para-raios, é um portal que impede as forças hostis de se servirem do ambiente religioso de forma deturpada.

Os trabalhos espirituais na Umbanda requerem fornecimento de certos tipos de fluidos, para terem uma sustentação vibratória adequada. Os espíritos que atuam como exus utilizam-se da volatilização dos elementos dispostos na tronqueira para beneficiar os trabalhos realizados dentro do templo. Assim, anulam forças negativas oriundas de magias diversas feitas para o mal, socorrem sofredores, condensam alimentos, medicamentos, roupas, instrumentos diversos, em suas intercessões no umbral.

O preconceito existente em relação às tronqueiras é porque muitos usam essas firmezas de forma negativa, plasmando verdadeiros portais com organizações trevosas. Há que se registrar, mais uma vez, que qualquer procedimento que objetive mal ao próximo não é da Umbanda, mas de seitas que, muitas vezes, se utilizam do nome da religião.

Qualquer tipo de firmeza é uma conexão mental, um ponto de equilíbrio com o Plano Espiritual. É um ponto focal de direcionamento dos pensamentos, fortalecido quando os adeptos estão em sintonia com as vibrações das entidades que dão cobertura astral ao terreiro.

Ter firmeza interna é necessário a cada médium; manter-se equilibrado segundo os preceitos determinados pelos guias e dirigentes. Firmezas podem ser obtidas com pontos de referência físicos magnetizados, como patuás e guias – colares –, ou pontos riscados, com a colocação de velas onde é deixada a energia da entidade que se dissipará no ambiente ao seu redor, beneficiando, assim, os que ali estiverem. É verdade que os pontos também podem ser de descarrego, mas todos são firmezas que atraem forças magnéticas apropriadas, gerando o benefício dos que se encontram ao redor.

Mas, mesmo com todo o preparo, por meio de orações, cânticos, banhos de ervas, defumações, passes, preceitos, tronqueiras, assentamentos diversos, tudo isso é sem valia se o médium não tem moral, não procura seu melhoramento íntimo, não se esforça na busca do autoconhecimento. O roteiro mais firme no caminho de todo médium é interiorizar e conseguir praticar os ensinamentos do evangelho, bem como de outros compêndios religiosos doutrinários que conduzem o homem a ser do bem; quanto mais, melhor e mais firmeza.

O cruzeiro das almas é o local vibrado onde intencionalmente não existe piso cimentado recobrindo o chão. Dependendo da casa, pode haver areia de praia, terra preta, terra de cemitério ou terra de formigueiro e até de cupinzeiro. A terra é o elemento telúrico desintegrador por natureza. A terra de cemitério, colhida no Campo Santo – o que não tem nada a ver com terra tendo cadáver em putrefação –, serve como "liga" vibratória com o Orixá Omulu, o regente e senhor da terra, facilitando a conexão vibratória nesse local sagrado e escoando alguns fluidos enfermiços dos duplos etéreos dos atendidos nos terreiros e, ao mesmo tempo, tem serventia como decantador para os espíritos socorridos, que necessitam do magnetismo telúrico para "sorver" energias balsamizantes, recompondo seus corpos astrais chagados e, ao mesmo tempo, descarregando certas enfermidades fluídicas. Já a terra de formigueiro ou cupinzeiro tem finalidade de proteção, sendo um tipo de para-raios que atrai cargas energéticas demandadas contra a egrégora do terreiro e as desintegra.

Na casa ou cruzeiro das almas, o que mais se destaca é uma cruz, simples, geralmente de madeira, variando o tipo de árvore, muitas vezes sendo de aroeira; presa à cruz e pendendo dela, pode-se ter palha da costa ou um rosário de lágrima de Nossa Senhora, destacando-se sempre um crucifixo de metal. Ocorre que, assim como feito na tronqueira de exu e no próprio congá, "enterrado" no chão da casa das almas existe um "fundamento", conjunto de elementos fixos de "firmeza" e "força" do terreiro que são colocados para ter efeito magístico no plano etéreo-físico.

Os elementos como água e velas, que não são fixos, e outros, dependendo da tradição de cada terreiro, são trocados de tempo em tempo e dinamizados pelo sacerdote dirigente, ou a quem ele confiar essa tarefa, por meio de palavras propiciatórias, certos cânticos e rezas, que servem de imprecações e encantamentos mágicos pela utilização da força mental, que, por sua vez, sintoniza com os espíritos que verdadeiramente movimentam o éter, ou duplo correspondente, dos elementos manipulados. Geralmente, a casa das almas fica posicionada à direita de quem entra no terreiro, no local de mais trânsito e passagem de encarnados e, consequentemente, de desencarnados, ao lado da tronqueira de exu, servindo ambas como um posto astral de triagem, pois nem todos serão autorizados a entrar no terreiro e alguns, por vezes muitos, ficam retidos nos campos de força de proteção e detenção localizados próximos à porta ou ao portão de entrada, conforme a disposição de cada agremiação.

A defumação é uma ritualização presente em várias religiões, como o budismo, o judaísmo e o catolicismo, entre outras. Na Umbanda, assume finalidades não só de dispersão de fluidos no plano físico, pois os fundamentos da queima das ervas são para sua eterização, fazendo com que os princípios químicos contidos nelas tenham alcance no Plano Astral e nas entidades em tratamento. Tal procedimento deve ser bem observado e adequadamente preparado.

Os efeitos da defumação, como a higienização das auras dos presentes e do astral do ambiente, objetivam sempre a harmonização do ambiente e a elevação do tônus psíquico dos presentes. Não utilizamos a queima de ervas para machucar espíritos, espantá-los ou fazer-lhes qualquer dano.

Não se devem utilizar ervas compradas em comércio com resinas químicas derivadas de petróleo. Além de não terem poder magístico, não são recomendadas para a saúde, podendo causar alergias respiratórias, rinites e sinusites. Requer-se o preparo consciente das ervas a serem utilizadas no ritual, que se inicia quando nós as colhemos, com permissão do mundo astral, até o momento de utilizá-las. Em seguida, passamos à mistura adequada de ervas, nas proporções necessárias para que se atinja o objetivo esperado: higienização, harmonização ou elevação. No impedimento de colheitas particularizadas com a finalidade única de utilização ritolitúrgica, por meio da defumação, as ervas devem ser adquiridas verdes ainda, para secarem e serem debulhadas no terreiro, com rito propiciatório de consagração delas.

O ritual da defumação é muito simples. As ervas são colocadas num turíbulo de argila com braseiro. Não recomendamos o uso de qualquer material metálico para acondicionar as ervas secas durante a sua queima, pois certas cargas energéticas ficam imantadas no magnetismo peculiar dos metais, principalmente os ferrosos. Durante a defumação, são cantados pontos específicos, verdadeiros mantras que "explodem" a contraparte etérea das ervas, expandindo seus princípios ativos, dinamizando-os e fazendo-os impactar em esferas vibratórias ocultas aos nossos olhos.

Salve a defumação! Salve o poder das ervas!

A curimba, os cantos e os toques – a música sacra –, é como denominamos o conjunto de voz e percussão composto pelos três atabaques e pelos demais instrumentos tocados pelos tamboreiros e cantores. Consideramos como música sacra, pois faz parte dos ritos e das liturgias de Umbanda.

Quando introduzimos os atabaques em nossas sessões de caridade pública, uma boa parte de nossa assistência deixou de frequentar o Grupo de Umbanda Triângulo da Fraternidade, enquanto uma parte maior começou a frequentá-lo por gostar dos cânticos acompanhados de tambores. Assim como aconteceu quando introduzimos as imagens dos Orixás africanos como elemento de rito, fomos classificados preconceituosamente como "macumbeiros" por algumas pessoas. Outros disseram que estaríamos contrariando as normas de culto ditadas pelo Caboclo das Sete Encruzilhadas, que não preveria atabaques, só cânticos e palmas.

Não foi fácil persistir e sermos fieis à nossa vivência mediúnica, pois escutávamos os tambores no Astral e, vez ou outra, enxergávamos portentosos africanos nagôs tocando-os.

Então, escutávamos alguns CDs que temos em nossa livraria, especificamente *Todo mundo quer Umbanda*, de Pedro Miranda – um ícone da Umbanda, atual dirigente da Tenda Espírita São Jorge, fundada a mando do Caboclo das Sete Encruzilhadas, fazendo parte das Sete Tendas, cuja fundação foi ordenada em 1918 por essa entidade luminar. Ocorre que a Tenda Espírita São Jorge, tendo o Sr. Severino Ramos (médium entre outras entidades de Exu Tiriri) como fundador sacerdote formado na Tenda Nossa Senhora da Piedade, foi a primeira das tendas fundadas pelo C7E a ter sessões de exu e a utilizar-se de atabaques desde sua fundação, em 1935, em conformidade com o consentimento e a autorização do próprio caboclo, que era, de fato, o diretor espiritual de todas as tendas. O Sr. Pedro Miranda é o principal representante hoje vivo da Umbanda que conviveu diretamente com Zélio Fernandino de Moraes.

Mantivemo-nos fieis na mediunidade e nas orientações dos mentores astrais. Esses fatos históricos confirmam que nunca contrariamos as normas de culto do Caboclo das Sete Encruzilhadas.

Os cânticos entoados têm a função de auxiliar na concentração de todos e marcam as fases do ritual, como defumação, abertura, descarga, encerramento. As sonoridades emitidas pelas batidas de tambores podem acalmar ou excitar, como se diz no jargão peculiar dos terreiros, esfriar ou esquentar. Notadamente, servem para fazer o rebaixamento das ondas vibracionais dos Orixás. A partir disso, os guias e falangeiros atuam melhor, "acostando-se" em seus médiuns. Assim, os cantos e toques, quando realizados com entrega e amor, atuam diretamente nos chacras superiores, notavelmente o cardíaco, o laríngeo e o frontal, ativando os centros de forças correspondentes para a sintonia mental psíquica com os falangeiros, bem como também harmonizam os chacras inferiores (básico, esplênico e umbilical), estabelecendo condições propiciatórias à mediunidade de incorporação, que requer abundante exsudação de ectoplasma, sem, contudo, que seja denso em demasia.

As ondas eletromagnéticas sonoras emitidas pela curimba irradiam-se para todo o centro de Umbanda, desagregam formas-pensamento negativas, morbopsíquicos, vibriões astrais "grudados" nas auras dos consulentes, diluindo miasmas, higienizando e limpando toda a atmosfera psíquica para que fique nas condições de assepsia e elevação que as práticas espirituais requerem. Assim, a curimba transforma-se em um potente "polo" irradiador de energia benfazeja dentro do terreiro, expandindo as vibrações dos Orixás. Os cânticos são verdadeiras orações cantadas, ora invocativas, ora de dispersão, ora esconjuros, sendo excepcionais ordens magísticas com altíssimo poder de impacto etéreo astral, concretizando no campo da forma coletiva o que era abstrato individualmente pela união de mentes com o mesmo objetivo, sendo um fundamento sagrado e divino, o que podemos chamar de "magia do som" dentro da Umbanda.

Dizem os orientais que o verbo é *aum*, a vibração original, a primeira manifestação do Absoluto Indiferenciado, de onde provêm todas as demais manifestações concretas nos diversos planos de existência. Se é assim, somos todos filhos desse verbo, desse som primordial. Somos som, somos vibração. Vibração essa que reverbera e emite luz, através da glândula pineal de cada um de nós. Estamos todos interligados por essa vibração original, que nos iguala e nos irmana. Se é verdade que um diapasão emite som e vibração que faz uma corda musical vibrar na mesma frequência e nota, então parece que o toque da curimba, compassado, em uníssono, matizado com as qualidades vibratórias do Orixá invocado, e potencializado pela vontade firme e consciente, com propósito definido, dos curimbeiros e de quem canta o ponto, parece, repito, que o deslocamento energético vibratório produzido sintoniza, como se fosse um diapasão, com a nossa própria vibração, esta que vibra constantemente através da glândula pineal. E é aí que se produz, imagino eu, a harmonização da nossa energia, vibração pessoal, com a do Orixá invocado durante o toque. Nesse momento se produz um refinamento de nossos corpos sutis, como resultado dessa harmonização e pela agregação das qualidades vibratórias do Orixá. E essa sintonia permite a cada médium, de acordo com suas peculiaridades e capacidades individuais, harmonizar-se e sintonizar-se com a entidade específica que vem com ele trabalhar, ou mesmo com a própria vibração do Orixá, na medida de sua capacidade de "suportar" essa luz que vem de cima.

A curimba, do ponto de vista mais imediato de nossos trabalhos, leva-nos, no Plano Astral, tão longe e tão forte quanto o permitam nossa vontade, propósito definido, sentimento de doação, sem quebra de corrente, matizados e qualificados pela atuação da espiritualidade, e, de um ponto de vista mais sutil, é poderoso instrumento de auxílio para ajustar nossa vibração individual com a vibração dos Orixás e das linhas de trabalho atuantes naquele momento, capacitando-nos para as atividades mediúnicas, para a doação qualificada de ectoplasma e de energias magnéticas, e para nossa lenta, contínua e – é o que se espera – inexorável elevação de frequência vibratória espiritual.

As ervas e as folhas na Umbanda são indispensáveis. Se, na Umbanda, nada se faz sem exu, sem folha não há Orixá. É de suma importância a utilização do axé verde – prana vegetal – nos rituais umbandistas e não existe um terreiro que o dispense.

Mas, afinal, o que fazem as folhas?

O que faz o fluido vital das plantas, notadamente os contidos nas folhas, que são objeto de maior uso litúrgico nos terreiros, ser dinamizado numa espécie de expansão energética (explosão) e, a partir daí, adquirir um direcionamento, cumprindo uma ação esperada, são as palavras de encantamento, o verbo atuante associado à força mental e à vontade do médium sacerdote oficiante do rito, perfazendo, assim, uma encantação pronunciada.

Necessariamente, o princípio ativo fármaco da folha não será o mesmo da intenção magística que realizou o encantamento, em seu correspondente corpo etéreo. Existem associações de mais de uma planta que acabam tendo efeito sinérgico, por sua vez, diferente do uso individual das folhas que compõem o "emplastro", banho ou batimento. A ligação magística é feita de elos verbais cantados, a ação terapêutica medicinal associada à ação energética magística esperada, a combinação fluídica vibracional realizada na junção dos duplos etéreos das folhas e adequadamente potencializada pela ação dos guias astrais da Umbanda, havendo, por fim, uma ação coletiva do sacerdote oficiante do rito, dos médiuns cantando e dos espíritos mentores.

Quanto aos batimentos, as ervas também são usadas na forma de ramas e galhos que são "batidos" nos consulentes, com o objetivo de desprender as cargas negativas e as larvas astrais que possam estar aderidas a estes. Quando feito pelos médiuns incorporados, geralmente com os caboclos (mas pode acontecer com outras linhas de trabalho, em conformidade com a característica ritual de cada terreiro), o movimento em cruz na frente, nas costas, no lado direito e no lado esquerdo, associado aos cânticos, aos silvos e assobios através da magia do sopro e do som, que criam verdadeiros mantras etéreo-astrais, que são poderosos desagregadores de fluidos, consagram-se potentes campos de forças curadores.

As folhas, depois de usadas, devem ser partidas e despachadas em algum lugar de vibração da natureza virginal, de preferência diretamente no solo, sem acendermos velas, dispensando-se a necessidade de quaisquer elementos poluidores. No impedimento de assim se proceder, coisa comum nos centros urbanos onde se localiza a maioria dos templos de Umbanda, simplesmente se deve recolher adequadamente para posterior coleta pública de lixo.

A dinamização do duplo etéreo das folhas tem uma íntima ligação com a palavra falada, que, através do impulso da vibração do espírito "acoplado" no médium no transe mediúnico, consegue força suficiente para a alteração da coesão das moléculas das plantas. A partir daí, elas adquirem plasticidade ou capacidade de moldagem etérica adequada. Os Guias Astrais movimentam-nas em novas associações e composições sinérgicas com vários tipos de ectoplasma, utilizando-se, inclusive, dos elementais da natureza, advindo especificidades e indicações ainda desconhecidas dos homens materialistas. Obviamente, dentro da necessidade e da fisiologia oculta de cada atendido, na medida certa e adequada a um processo de diagnose que somente os técnicos do lado de lá, velhos xamãs e quimbandeiros – feiticeiros curadores –, podem realizar.

Os banhos para descarga fluídica, curativos ou desenvolvedores são eficientes quando receitados de acordo com o tipo planetário da pessoa necessitada e desde que as ervas sejam colhidas sob influência astrológica e lunar favorável. As ervas prenhes de seiva vegetal também estão saturadas de vigoroso potencial magnético e, por esse motivo, produzem efeitos miraculosos, eliminando os fluidos perniciosos aderidos ao perispírito e curando as piores enfermidades.

Existe na seiva vegetal um *quantum* de eletricidade tão comum quanto a que se diz biológica e impregna o corpo humano, a qual provém da própria terra, pois é atraída e concentrada pelo duplo etéreo, exsudando-se ou irradiando-se depois pela aura das plantas, dos animais, das aves e das criaturas humanas. Conforme as influências astrológicas e a ação lunar, essa "eletrização" aumenta, diminui ou fica inativa nos duplos etéreos das plantas.

Em consequência, a colheita deve ser tão hábil e inteligente, que se possa aproveitar o máximo de energia "elétrica vegetal" contida na espécie desejada. Assim, quando o enfermo ou necessitado tem a sorte de adquirir ervas supercarregadas de seiva e potencial eletromagnético para fazer seus banhos de descarga ou terapêuticas, ele jamais deixa de obter bom proveito. Mas, se a colheita for efetuada sob o influxo astrológico e lunar negativo, não há dúvida, tais ervas não passam de inócuos "cadáveres vegetais".

Os banhos para descarga são mais elaborados e não tão populares quanto os de sal grosso. Seu efeito é mais duradouro, embora não seja tão invasivo. Algumas ervas são dispersivas de fluidos e limpam a aura, desintegrando miasmas, larvas astrais e outras negatividades. Uma erva excelente para esse tipo de banho é a folha de tabaco e, em sua falta, usa-se o fumo de rolo macerado.

Os banhos para descarrego talvez sejam os mais conhecidos. Têm como objetivo a descarga das energias negativas. Em nosso dia a dia, passamos por locais e trocamos energias com várias pessoas. Na coletividade, predominam os pensamentos pesados eivados de irritação e ansiedade. A egrégora que se forma nos locais de aglomeração humana favorece a criação de miasmas, larvas e vibriões astrais que, pouco a pouco, vão se aderindo aos transeuntes e se alimentando de seus fluidos vitais.

Mesmo em constante vigilância, a exposição diária a essa teia de pensamentos deletérios nos faz frágeis, o que torna impossível nos protegermos, dado que, em determinados momentos da rotina diária, nosso padrão mental cai e abrimos a guarda. Os banhos de descarga ajudam a nos livrarmos dessas energias negativas e, basicamente, são de dois tipos: banho de sal grosso e banho de descarrego com ervas.

Os banhos de energização são realizados após os de descarrego, restabelecendo o equilíbrio entre as cargas negativas e positivas dos átomos e das moléculas etéricas componentes dos chacras. São recomendados em dias de trabalho mediúnico, especialmente nas sessões em que o médium se sente cansado após o término. São utilizados independentemente de sermos médiuns. Indicamos um banho fácil de fazer e que pode ser tomado por qualquer pessoa, não causando nenhum mal-estar: pétalas de rosas brancas, amarelas ou vermelhas, alfazema e alecrim.

O banho de fixação tem finalidade mediúnica e é velado, fechado ao público, pois faz parte de rituais internos de magia, iniciação ou consagração. Esse banho é feito por Orixás com as ervas astromagnéticas afins às suas sagradas energias e deve ser conduzido por quem é médium e sacerdote. Objetiva um contato límpido e profundo com os guias.

Os chacras vibram com similaridade vibratória com o Orixá do neófito que está sendo iniciado ou consagrado para o futuro sacerdócio dentro da Umbanda, tornando sua mediunidade bem apurada para o ritual. Sendo as ervas manipuladas ligadas ao Orixá regente do médium e, por sua vez, aos guias que o assistem, são prescritas por genuínos chefes de terreiro, médiuns magistas e de incorporação, que obtêm verdadeira e profunda cobertura espiritual de quem entende do riscado: as entidades astrais da Umbanda.

O banho de sal grosso é bastante utilizado e de fácil realização. Feito de sal grosso marinho, trata-se de um ótimo condutor elétrico que descarrega os íons dos átomos com excesso de cargas negativas (ionizados). Atua no duplo etéreo, tirando as energias negativas por um processo de desmagnetização.

Os banhos não substituem a reforma íntima e as boas intenções da alma, que vêm de dentro para fora.

Os preceitos são orientações, diretrizes, que devem ser adotados por todos da corrente mediúnica. São realizados individualmente, conforme orientação particularizada dentro dos fundamentos do terreiro, buscando a harmonia do trabalhador com seu Ori, Orixás, guias e falangeiros. Por vezes, podemos ficar desequilibrados com certas vibrações que nos envolvem, decorrentes de motivos diversos, podendo ser emocionais, assédios, obsessões etc. Temos também os preceitos coletivos, como determinadas regras gerais litúrgicas, como resguardo mediúnico, banhos, rezas e interdições. Não se trata de dogmas, mas de imposições comportamentais que exigem algumas posturas específicas, ações e abstenções voluntárias em benefício da positivação ou negativação de energias e fluidos propiciatórios ao intercâmbio mediúnico.

Fundamentalmente, o preceito tem por objetivo manter equilibrado o fluxo de axé que passa pelos corpos mediadores e pelos chacras do medianeiro, adequadamente sintonizados com sua coroa mediúnica: Orixás regentes, guias e falangeiros. Ele tem diversas finalidades, formas e funções: súplica, resguardo, interdição, limpeza energética, agradecimento, firmeza e consagração.

Os preceitos devem ser feitos de bom grado e de coração limpo, amoroso e rogativo ao Alto, numa postura de gratidão e de receptividade. Se estivermos vibrando sentimentos negativos, o preceito pode ser inócuo, um mero placebo ritual.

Não vamos dar receitas de preceitos, mas somente elencar alguns procedimentos de uso comum:

- Isenção de sexo, pelo menos 24 horas antes do início dos trabalhos mediúnicos. Nada temos contra o sexo em si, quando feito com amor. Ocorre que, no intercurso sexual existe uma troca energética e os fluídos do parceiro podem interferir na sintonia com os guias e falangeiros.

- Somos favoráveis ao vegetarianismo. Aos que ainda são carnívoros, recomendamos abstenção de ingestão de produto animal que dependeu de sacrifício, inclusive peixes, no mínimo à partir de 24 horas antes do trabalho mediúnico.

- Reforçada vigilância dos pensamentos nas 24 horas anteriores ao trabalho mediúnico (ódio, orgulho, inveja, vaidade).

- Quanto às diversas consagrações, o sentido e o objetivo são tornar sagrado. A consagração é o rito que estabelece, perante a comunidade terreiro, que algo está fazendo ou tornando-se sagrado. Para nós tudo dentro de um terreiro é sagrado, o próprio espaço físico e todos os seus objetos. Nesse sentido, a cada reunião, pelos usos e costumes ritualísticos e litúrgicos que se renovam, tudo no raio de ação da assembleia se faz sagrado. Assim, entendemos que o intercâmbio mediúnico é um ato sagrado.

Um médium, quando é consagrado, está reafirmando seus votos de inteira disposição para servir aos Orixás e aos falangeiros. É uma demonstração de que o médium alcançou um nível aceitável em seu desenvolvimento, importante para um bom trabalho espiritual. Temos vários níveis de consagração, e o mais popular é o amaci, um tipo de batismo e, ao mesmo tempo, uma ação consagradora com o divino.

Concluímos este capítulo com a descrição de um amaci, o mais importante rito de consagração vivenciado na Umbanda, em um texto de Lis Chaves, médium trabalhadora do Grupo de Umbanda Triângulo da Fraternidade.

Foi noite de amaci
A todos que olham, a todos que estão aqui:
Muita atenção. Hoje é noite de amaci.

Enquanto o ponto era cantado em tom suave pelos integrantes da curimba, naquele templo religioso umbandista, os médiuns em círculo se preparavam para o amaci. Era noite e, após o trabalho da engira de caridade ter encerrado, os filhos daquela corrente permaneciam no abassá, porque o amaci estava para iniciar.

Amaci das guias, para proteger os médiuns. Um cuidado que o sacerdote responsável por aquele templo adotava com seus filhos.

Cerimônia simples e tocante.

Linda porque vivenciada com carinho e respeito pelo sagrado representado pelos centros de força dos Orixás assentados em seus okutás – pedras – sagrados no congá, por meio das linhas e dos falangeiros espirituais da Umbanda.

Emocionante porque vivida com amor por cada um dos médiuns que, naquele instante, se transformaram em pequenos pontos de luz, iluminando o abassá com sua fé, com reverência e respeito pelos ensinamentos do sublime evangelho de Jesus, praticado e semeado a todos os que buscavam consolo e orientação para aliviar as dores de suas almas. A casa pequena se fortalecia nos ensinamentos do amoroso pastor de almas.

Filhos de fé, respeitai o pano branco...
Babalaô preparou seu banho santo...

Entretanto, aquele grupo não estava sozinho, porque os trabalhadores da espiritualidade, representados pelas várias linhas e falanges operosas, compareceram para reverentemente assistir seus tutelados em tão tocante cerimônia.

A tímida luz dos encarnados somou-se à luz da espiritualidade e o templo resplandeceu. De longe, em todos os cantos – norte, sul, leste e oeste, em cima e embaixo, à direita e à esquerda –, foi vista, reverenciada e respeitada, porque ali estava um exército de Cristo fortalecendo-se para a boa luta. Curar almas, levar a palavra e os ensinamentos do sagrado evangelho a todos, como trombetas soando aos cantos do mundo, aos ventos espalhando o amor. E, por que não, lavar os pés dos estropiados e lavarmos nós os pés uns dos outros?

Dentro da lei, vêm saudar seus Orixás...
Saravá, Ogum... Tenho a minha guia lavada...

A espiritualidade ali presente, com respeito, amparando os filhos rebeldes que assumiram o compromisso da mediunidade para devolver o equilíbrio que, certamente, provocou desarmonia, através da palavra ou de ações. Apoiando carinhosamente a cada um, fortalecendo para que possamos seguir com as obrigações e os compromissos terrenos, materiais. Sem julgar, sem criticar, mesmo sabendo que nem sempre agimos corretamente.

Fiz meu batismo na Umbanda...
Hei de louvar sua espada...

Terminada a cerimônia, encerrados os trabalhos da noite, todos se retiraram para suas casas, para o merecido descanso do corpo e para refazer forças por meio do sono, porque, após adormecer, o trabalho com guias, exus e pais velhos iria continuar dando assistência aos necessitados com merecimento para receber amparo e socorro. Todos iriam receber de alguma forma...

Ao se desdobrarem para as saídas do corpo – ou desdobramento astral –, os médiuns em trabalho na madrugada continuaram a ouvir o canto...

Saravá, Ogum... Tenho a minha guia lavada...
Fiz meu batismo na Umbanda...
Hei de louvar sua espada...

Numa doce lembrança e suave e clara advertência do compromisso assumido.

O lado oculto de uma sessão de caridade umbandista

Imaginemos dois médiuns que gritam com as esposas, são impacientes com os filhos, chutam os cachorros, falam mal dos outros, exploram empregados, uma imensa lista de imperfeições. O primeiro vai ao terreiro ou ao centro espiritualista e, uma vez por semana, "cumpre sua missão", enquanto o segundo nada faz de altruísmo em lugar nenhum. Ambos imperfeitos, diga-se de passagem, como todos nós o somos em maior ou menor grau.

Qual dos dois tem mais "valia" para o Mundo Espiritual? Qual dos dois tem mais chance de mudar com o tempo?

A pedagogia da Umbanda vivenciada nos terreiros é paciente, misericordiosa e movida por compaixão. Como dizia o velho Matta e Silva, insigne mestre: "mais vale o médium vaidoso e imperfeito que faz a caridade do que aquele que nada faz".

Não poucas vezes, apontamos defeitos nos outros para justificarmos para nós mesmos o que não fazemos (temperamento coice de mula), num mecanismo de compensação psicológica que minimiza nossas frustrações.

Inquestionavelmente, não existem médiuns "santos", e os espíritos benfeitores atuam na vasta imperfeição humana.

O que estamos querendo dizer é que não precisamos ser perfeitos para sermos médiuns. Muitos justificam suas desistências afirmando que não estão preparados para a tarefa. Passam-se os anos e logo o médium está aposentado, com mais de 60 anos, e ainda se diz despreparado, agora por estar muito velho e cansado, alegando que não tem mais "pique".

Enfim, cada um com suas escolhas e todos nós reponderemos a quem é de direito no Plano Espiritual quando voltarmos para o lado de lá e deixarmos nosso paletó de carne na ilusão transitória terrena.

Os potenciais candidatos a médium têm medo do desconhecido, o que os leva a fugir de assumir compromissos. A melhor forma de vencermos essa barreira é o que ignoramos tornar-se conhecido.

O que acontece no plano oculto antes, durante e após uma sessão de caridade num terreiro de Umbanda?

A organização do rito para recepção da assistência – as pessoas que vêm pedir auxílio no terreiro – tanto mais exige quanto maior for o número de atendidos. A corrente mediúnica deve estar preparada com o quadro adequado de médiuns trabalhadores. Isso é necessário para que se consiga atender a todos os consulentes no prazo, de maneira geral, de no máximo duas horas de trabalhos mediúnicos ininterruptos. É imprescindível que todos que comparecem ao terreiro, indistintamente, sejam fraternalmente acolhidos. Os médiuns devem estar harmonizados, tranquilos, com os semblantes suaves e receptivos às queixas que escutarão.

Há de se considerar que tudo o que acontece em termos de ritos e liturgias, procedimentos que organizam e disciplinam a assembleia que será levada a efeito, uma reunião religiosa mediúnica com intervenção dos espíritos, obviamente tem intensa ligação com o plano oculto, realidade subjacente à humana, mas em outra dimensão vibratória. Essa esfera de trabalho, mais sutil que a nossa, é a verdadeira mantenedora e "concretiza" as tarefas caritativas programadas em cada "engira" de Umbanda. Quando o portão de entrada do centro de Umbanda se abre, já houve uma intensa movimentação espiritual. Muitos dos consulentes já se encontram em atendimento sem terem noção disso, pois podem, inclusive, estar comparecendo fisicamente pela primeira vez ao local. O mecanismo natural do desprendimento do perispírito durante o sono, popularmente conhecido como desdobramento astral, contempla essa possibilidade de intervenção dos espíritos.

Quando alguém, exercitando sua vontade e seu livre-arbítrio, resolve buscar ajuda mediúnica num terreiro, seu protetor individual, "anjo" ou exu guardião, Guia Espiritual ou mentor, já entrou em comunicação com a cúpula espiritual do agrupamento terreno e todos os benfeitores se encontram ajustados e trabalhando juntos. O dia "D", de recebimento do passe e aconselhamento, é integrante de um roteiro maior, oculto aos nossos olhos carnais e que exige profundos e complexos mecanismos de manejo de fluidos etéreo-astrais, magnetismo e trânsito em certas zonas densas do umbral.

No momento do encontro com o médium, frente a frente, consegue-se, por vezes, no primeiro contato, uma mudança de padrão vibratório do consulente, propiciando que se afastem os chamados "encostos", espíritos oportunistas que se vinculam às emanações fluídicas do encarnado, literalmente se encostando à sua aura. O magnetismo das entidades atuantes na egrégora de Umbanda, associado ao ectoplasma dos médiuns, oferece condições favoráveis a um "corte" na imantação que une o "morto" do Além ao vivo da Terra. Assim, um espírito obsessor pode, especialmente se for um assediador indireto, com fome, sede ou cansaço – ligação mais fisiológica com o obsediado –, não necessariamente um ferrenho perseguidor do astral inferior e inimigo de vidas passadas, ser conduzido aos locais de retenção e passagem do Plano Astral mantidos sob a égide da Lei de Umbanda.

Imaginemos uma sessão de caridade que atende duzentos consulentes. Quantos desencarnados comparecerão? Quais as ordens de trabalho a serem executadas, suas especificidades e alcance dentro da lei de causa e efeito e do respectivo merecimento individual? Como serão feitos todos os socorros? Haverá incursões umbralinas com os médiuns desdobrados antes e durante os atendimentos ou após, quando estarão em sono físico? Até que nível das encruzilhadas vibratórias do umbral será autorizada a intervenção espiritual benfeitora? Teríamos ainda muitas outras perguntas a serem respondidas, o que fugiria à proposta desta obra.

Cabe demonstrar que uma sessão de caridade umbandista é um portal que se abre para o mundo espiritual. Não depende de vontade humana o seu potencial de alcance, mas somente do merecimento de cada cidadão que pede ajuda e, a partir daí, da intercessão dos Guias Astrais. Eis que sem mediunidade não existe Umbanda.

Uma agremiação mediúnica umbandista deve reunir as condições básicas indispensáveis, ritolitúrgicas, materiais e humanas, morais e éticas, para que os espíritos benfeitores consigam atuar.

De certa forma, o conhecimento deve nos impulsionar a uma "ruptura" com nós mesmos, vencendo o medo do desconhecido que, em verdade, serve de muleta e compensação psicológica para a nossa falta de vontade de assumir um compromisso mais sério. O fato de nada realizarmos não nos garante segurança contra nossos obsessores, desafetos do passado vingadores e outros inimigos, sendo uma grande ilusão achar que, se nos comprometemos com uma tarefa mediúnica, o astral inferior se levanta contra nós. As dificuldades são nossas, unicamente pela incipiência de não sabermos lidar com nosso ego inferior e idiossincrasias derivadas do egoísmo arraigado em nosso modo de ser e de pensar.

A complexidade e a amplitude dos trabalhos espirituais, realizados na contraparte etéreo-astral de uma comunidade terreiro, deve nos conduzir a maior engajamento e solidificação de nossa fé, haja vista que nada faríamos sem o apoio do lado de lá.

Para termos uma ideia melhor da profundidade dos trabalhos num terreiro de Umbanda, uma pálida noção, descortinando parte do véu de obscuridade com que aqueles presos nas exterioridades se fixam, descreveremos sucintamente um atendimento realizado, um caso recente. Ilustrativo, educativo à conscientização de todos nós, no sentido de valorização do serviço mediúnico caritativo.

Era semana em que teríamos sessão de exu, com rito de louvação às bombojiras, exus femininas. Um dia antes, na verdade durante o sono físico da noite antecedente à da sessão de caridade pública, fui desdobrado (retirado) do corpo físico por um espírito amparador, que realizou magnetismo específico "soltando" meu corpo astral dos respectivos centros de forças – chacras – que o mantinham acoplado ao organismo humano. Sentindo potente influxo vibracional, desloquei-me até a casa de uma consulente idosa, frequentadora do templo, que se encontrava com séria enfermidade, por último fazendo os atendimentos a distância – um familiar comparecia e servia de ponte de ligação vibratória.

Há que se considerar que essa senhora estava hospitalizada com um quadro de insuficiência cardíaca e início de enrijecimento periférico, baixíssima pressão arterial e fraco batimento do coração, já apresentando falência dos demais órgãos vitais e, conforme laudo médico, não sairia mais do hospital, ou seja, estava em estado de iminente desencarne.

Voltemos à sua casa.

Vi-me desdobrado à porta de entrada, acompanhado de pequeno agrupamento de bombojiras. Estas, especialmente as Marias Molambos, rapidamente fizeram uma assepsia no ambiente, atraindo os espíritos que ali habitavam, entidades oportunistas que se aproveitavam do emocional abalado da paciente para se grudarem à sua aura e vampirizarem-lhe os fluidos vitais gerados pelo metabolismo orgânico, pois sabemos que o citoplasma celular produz ectoplasma.

Esses espíritos obsessores tinham um líder, que se fazia passar por um bispo. Foram todos deslocados à parte astral do terreiro, que teria uma sessão de caridade na próxima noite, onde ficariam aguardando para "sofrerem" o choque anímico fluídico com os médiuns, revitalizando-os e fazendo-os despertar da cegueira e do hipnotismo existencial. Ao mesmo tempo, uma das "molambos", adestrada técnica socorrista em ambientes hospitalares, encontrava-se no leito da enferma e procedia a uma espécie de punção, pequenos cortes no duplo etéreo, e "sugava-lhes" as partes inflamadas, que haviam infeccionado em decorrência de uma erisipela. A entidade plasmava um potente campo de força com intenso influxo magnético centrípeto, de fora para dentro, atraindo para si uma gosma amarelada, pútrida e malcheirosa, como se suas palmas das mãos fossem dínamos aspiradores. Esse muco fétido, pústulas gangrenadas, escorria de suas mãos pelos braços como se tivesse vida, como se fosse pequeno filamento ou diminutas cobras. Dos antebraços escorriam para baixo e, ao entrarem em contato com sua saia em farrapos, velha e "sebosa" como se mendiga de andrajos vestisse, transformavam-se em raios luminosos coloridos e faziam desintegrar o caldo leitoso e fedorento, que escorria para o chão e entrava em uns pequenos ralos, sumindo aos olhos.

Aqui cabe uma pausa no enredo narrado, para comentarmos como somos preconceituosos. A forma de apresentação de uma Bombojira Maria Molambo, que se veste em farrapos como uma andarilha rota de vestes sujas, é uma forma de apresentação que tem serventia como catalisadora de fluidos doentios, dispersando-os, como citado no caso. Nada se perde e tudo se transforma. Por vezes, o que fica e cristaliza em nós são nossos recalques e nossas rejeições, por nos sentirmos mais puros ou evoluídos do que os demais. O que vale é o que a "garrafa" tem dentro; o rótulo é pura ilusão.

Ato contínuo, Exu Sete da Lira incorpora no dirigente do terreiro, que se encontra desdobrado com os demais médiuns presentes também fora do corpo físico. Com passos cadenciados, ao som de viola e atabaques da curimba, Seu Sete firma intenso influxo mental, dominando o obsessor-chefe, o bispo, fixando-lhe no campo de visão astral, pelo chacra frontal, sua verdadeira identidade, em conformidade à sua última encarnação. Assim, ele assume suas lembranças mais marcantes, como enganou a esposa e o sogro nos negócios, advindo-lhe no psiquismo a culpa, e, a partir desse momento, enfraquece seu poder mental. Sem dizer uma única palavra, "só" dançando como dançam os exus "boêmios" e "malandros", Seu Sete impõe sua ascendência moral e ética sobre o obsessor, que perde o domínio sobre as demais entidades. A partir daí, todos são recolhidos para um local transitório, de refazimento e passagem, onde ficam aguardando o "desembaraço" de seus destinos por aqueles que têm outorga nos tribunais divinos para julgar e estabelecer sentenças cármicas.

Sucintamente, descrevemos como o chefe dos obsessores controlador foi "controlado" por um espírito com ascendência moral. A intensa força magnética da mandala astral, que é a coroa de irradiação do Exu Sete da Lira, atraiu um grupo de espíritos obsessores que moravam na casa da consulente, que, por sua vez, estava prestes a desencarnar. Na engira de caridade da noite seguinte, "sofreram" um choque anímico fluídico ectoplásmico, fortalecendo-se e angariando condições de finalmente serem "transportados" para o entreposto socorrista do Hospital do Grande Coração, que dá cobertura aos trabalhos do Grupo de Umbanda Triângulo da Fraternidade.

Concomitantemente, no hospital, ao decorrer da mesma noite da sessão de caridade em que aconteceu tudo isso, próximo às 06h00min da manhã, desencarna a paciente, tendo seu desligamento final realizado. Assim, com um duplo etéreo "limpo" dos fluidos mórbidos, fruto da degradação orgânica intracelular, seu perispírito pôde ser levado até uma ala do Hospital do Grande Coração. Ficou em observação até o despertamento de sua consciência, enquanto seu combalido e gasto corpo físico recebia os tratamentos para os atos fúnebres que a sociedade terrena exige.

Este caso é verídico e foi somente um dos mais de duzentos atendimentos realizados numa única noite de sessão pública de caridade no terreiro.

Cremos que o que foi esclarecido até aqui sirva para que nos conscientizemos de que Umbanda é coisa séria para gente séria, ou seja, gente que assume tarefas e não passa a vida fugindo, receando a verdadeira e real existência, a espiritual.

Os primeiros passes e aconselhamentos espirituais – consultas

No capítulo anterior, demonstramos alguns aspectos "ocultos" que ocorrem antes, durante e após uma sessão prática de caridade umbandista.

Os médiuns, com o tempo, vão se integrando ao ritual do terreiro. Paulatinamente, suas incorporações se firmam, assim aprendem a reconhecer o magnetismo peculiar de cada entidade espiritual que os assiste mediunicamente. As sutilezas vibratórias que caracterizam cada uma das linhas de trabalho, agrupadas por Orixá, finalmente estão internalizadas, compondo a sensibilidade do medianeiro, tal qual um violino bem afinado pelo músico. Enraiza-se-lhe no psiquismo um saudável automatismo, pelo método de indução aos estados alterados de consciência aplicados e vivenciados repetidamente, pois o ritual que o abraça é disciplinador e conduz à destreza mediúnica consolidada.

Entre tantos amacis – lavagens de cabeça –, banhos litúrgicos, consagrações com pemba e firmezas na natureza, que objetivam fortalecer o tônus mediúnico e a ligação fluídica do sensitivo trabalhador com os Guias Astrais e demais falangeiros, chega o dia em que o médium é autorizado pelo chefe do terreiro e começa a dar os primeiros passes nos consulentes, sendo assistido, se preciso, pelo diretor de rito ou dirigente espiritual.

Além de exigir-se que domine a manifestação mediúnica que ocorre em seu mundo psíquico interno, e dela externamente para o plano astral, conduzindo-se com maestria pelos intrincados mecanismos da incorporação sem perda total da consciência, ainda lhe impactam nos centros de percepção perispiritual as emoções, os sentimentos e as vibrações dos consulentes e desencarnados que os acompanham. Existe uma sensibilidade natural, nervosa, anímica, de captação psíquica do médium para os consulentes. Essa capacidade de "absorção" do psiquismo do outro é potencializada pelo envolvimento áurico do Guia Astral. Ainda há a considerar, em alguns casos, os fenômenos de vidência – ver – e os de audiência – ouvir –, advindo-lhe na tela mental, através do chacra frontal, imagens e sons extrafísicos, por vezes desconexos.

É imprescindível uma "perfeita" incorporação mediúnica, ou seja, a interpenetração do corpo astral da entidade amparadora com o corpo astral do médium, que fica levemente expandido pela irradiação magnética que é alvo do Guia Astral, para que o médium em si mesmo consiga suportar, por sua vez, o impacto das auras dos consulentes – e obsessores acompanhantes –, muitas vezes imantadas por campos de forças negativas de trabalhos magísticos feitos, confrangendo-lhe sua própria aura, duplo etéreo, chacras, centros e plexos nervosos, daí para as glândulas e para o sistema nervoso autômato, podendo somatizar-se, desestabilizando-lhe a homeostasia orgânica, e, por último, abalar-lhe a saúde física.

Em verdade, a função mediúnica mais dilatada e de maior responsabilidade ocorre quando existe o contato direto com os consulentes, olho no olho, uma peculiaridade marcante da Umbanda. É sua identidade, o que a diferencia dos outros cultos e abaliza sua independência, pois estabelece um método doutrinário próprio e uma teologia única; uma unidade aberta em construção, uma doutrina não codificada que se transforma e se adapta onde se localiza, mantendo-se viva e dinâmica no tempo, num processo contínuo de mudanças e reinterpretações simbólicas, rituais e litúrgicas, em conformidade com a necessidade de cada comunidade terreiro junto à coletividade que a cerca.

Voltando ao médium, obviamente sua aura se abalaria, adquirindo rupturas em sua tela etérica, um campo vibracional específico existente no duplo etéreo que o liga, por sua vez, ao perispírito e este ao corpo físico, filtrando os impactos negativos energéticos existentes quando o médium é exposto ao trabalho intensivo de consultas aos moldes da Umbanda. Se ele não tivesse o Guia Espiritual servindo-lhe como escudo de proteção, rapidamente se fragilizaria e perderia o tônus fluídico e, persistindo na tarefa com o campo áurico aberto, sem dúvida, adoeceria rapidamente. Ocorre que, na mecânica de incorporação, quando educada e firme, o campo vibratório do corpo astral do falangeiro o envolve, "contendo-o" como se fosse uma esfera dentro da outra – a maior, o espírito benfeitor, e a menor, o médium.

Mesmo com todo o zelo do lado de lá, de tempo em tempo, requer-se a vivência em certos ritos de reforço áurico para o medianeiro se refazer; rituais do fogo, fundanga (queimar pólvora), banhos litúrgicos, lavagens de cabeça com ervas, bem como preceitos individualizados.

Por sua vez, o espírito falangeiro, com habilidade, liga-se aos Orixás e mantém um intercâmbio de Ori a Ori – cabeça a cabeça, mente a mente – com o médium, envolvendo-o em amplo e firme enfeixamento de onda magnética etéreo-astral, servindo como ponte e ponto de catalisação dessas forças divinas que são os Orixás. Sem dúvida, o que nenhum médium ou sacerdote sozinho consegue realizar, mesmo havendo assentamentos vibratórios consagrados no espaço sagrado – otás, de pedras ou cristais –, tronqueiras, altares, pois se presume a indispensabilidade da interferência do mundo espiritual, verdadeiramente o executor de todas as tarefas realizadas.

O tempo é indispensável e de suma importância ao aprendizado do médium. A captação psíquica que exerce em cada encontro ritual pode exaurir-lhe se não estiver adequadamente "calibrada" a sensibilidade anímica. Por isso, paciência nunca é demais, e a pressa se mostra contraproducente. A malformação mediúnica se efetiva quando o período em que deveria estar se conhecendo, às suas habilidades psíquicas – como ampliam-se-lhe as percepções durante os estados alterados de consciência –, que exigem vivência prática em grupo, é substituído pelo imediatismo alimentado por deslumbramento e curiosidade pueril diante dos fenômenos mediúnicos.

Os verdadeiros Guias Astrais são parcimoniosos e não têm falsas urgências de trabalho, ao contrário dos obsessores, que fomentam o "encantamento", instigam a fascinação diante de conhecimentos adquiridos rapidamente, de magias e mistérios desvelados em poucas horas ou dias, pois lhes apraz a dominação mental, atiçada pela ânsia do intelecto de conhecimento pelo mero conhecer.

Obviamente, o pertencimento a grupos, terreiros e comunidades, todos associados inexoravelmente na exigência de compromisso com uma tarefa caritativa, como o são os passes e aconselhamentos espirituais, é motivo de segurança mediúnica aos trabalhadores, amparados por prestimosos exus, caboclos e pretos velhos, o que não interessa a nenhum espírito mistificador, eis que, quanto mais solitário forem seus médiuns, mais fáceis presas eles serão.

Concluindo, lembremos que Jesus só começou a pregar a Boa-Nova após reunir os 12 apóstolos. O Mestre, primeiramente, ocupou-se de formar um grupo, instruí-lo e prepará-lo, para que cada um se tornasse mestre de si mesmo após o calvário do sublime peregrino.

Estrutura e função dos corpos energéticos – Duplo Etéreo, Astral e Mental

Abordamos no capítulo anterior a importância da incorporação como escudo mediúnico de proteção ao médium. Durante as consultas, os passes e os aconselhamentos espirituais, ocorre uma interpenetração de auras e corpos energéticos. Se o médium não estiver devidamente educado e firme na sintonia com os Guias Astrais e seguindo regularmente os preceitos dentro dos métodos rituais do terreiro, pode, em algum momento, fragilizar-se e até mesmo entrar num processo de fadiga fluídica.

É muito importante todo médium saber o que são esses corpos energéticos, sua estrutura básica e principal função.

Os três campos vibratórios ou energéticos do "eu pessoal":

- O etéreo ou vital: duplo etéreo.
- O astral ou emocional: perispírito.
- O mental: produto da mente.

Quando os três aspectos da natureza humana se unem ao corpo físico, formando um todo harmonioso, teremos o *nosso verdadeiro ser*, a nossa completa personalidade encarnada.

1. Estrutura e função do corpo etéreo ou vital: duplo etéreo

A função mais importante do corpo "duplo etéreo" é a transferência de energia vital, ou vitalidade – do campo universal para o campo individual e daí para o corpo físico. Utiliza a energia do meio ambiente para alimentar o corpo carnal.

ENERGIA UNIVERSAL = PRANA = Fluido UNIVERSAL. Existe no Cosmos, no infinito, no espaço, e depois, já ambientada, nos diferentes planetas, nas águas, na atmosfera e em todos os seres. Sua origem é no Fluido UNIVERSAL, que emana diretamente do Princípio Vital Universal.

A energia vital ou etérica penetra do campo individual para o corpo físico, através dos principais chacras = "Centros de Força Energética".

O corpo etéreo vitaliza o corpo físico, e atua como um elo entre o corpo físico, o corpo astral e o corpo mental.

Cada partícula física possui sua contraparte etérea, daí a expressão "Duplo Etéreo".

O campo etéreo tem sido descrito como sendo "O QUARTO ESTADO DA MATÉRIA".

Estados da matéria:

1) Sólido
2) Líquido
3) Gasoso
4) Etéreo Fluídico

Cores do corpo etéreo: cinza-azulado pálido ou cinza-violeta, levemente luminoso e tremeluzente.

Projeção do corpo "Duplo Etéreo": projeta-se de 5 a 7 cm além da periferia do corpo físico. Vitaliza o corpo físico, e é intermediário entre o espírito e o corpo físico. Desintegra-se 24 a 72 horas após o desencarne.

2. Estrutura e função do corpo astral ou emocional: perispírito

O Homem é constituído por cinco elementos: Espírito, Perispírito, Duplo etéreo, Corpo Carnal e Corpo Mental, os quais atuam inseparavelmente na harmonia do conjunto entre si.

O Espírito é a centelha divina que atua no corpo através do Perispírito, como a eletricidade atua na lâmpada através do fio condutor.

O Perispírito é o corpo fluídico do corpo humano, formado de energia semicondensada, que age como intermediário entre o Espírito e o Corpo Físico.

O Corpo Físico é a matéria condensada, que serve de ambiente vital para o Espírito, que é o dono da casa com poderes intransferíveis de propriedade, sofrendo influenciações exteriores.

O Corpo Físico, que é mantido em equilíbrio pela atuação de forças centrífugas (de dentro para fora) e centrípetas (de fora para dentro), gera em torno de si uma luz esbranquiçada que é o resultado da energia da movimentação, formando a aura material do corpo. Esta aura, acrescida das vibrações dos pensamentos humanos (corpo mental) mais duplo etéreo, mais o Perispírito, forma a chamada Aura Espiritual do homem (na forma de cores).

A Aura é todo o conjunto: CORPO FÍSICO, DUPLO Etéreo, PERISPÍRITO, CORPO MENTAL E ESPÍRITO = ESPÍRITO ENCARNADO.

OBS.: O Corpo Astral = Perispírito é o campo individual ou o VEÍCULO DO SENTIMENTO, que atua como uma ponte entre a mente e o corpo físico. O pensamento é transmitido através do Perispírito para o Corpo Físico.

O Campo Astral ou Emocional é verdadeiramente universal. Cada pessoa dentro do Campo Universal possui um Campo Emocional, chamado CORPO ASTRAL OU PERISPÍRITO. Cada um descreve toda a sua história de todas as suas vidas – um registro completo – de todos os acontecimentos ruins e bons, como tristezas, alegrias, amores e ódios, sucessos e frustrações, coragem e sacrifícios, aspirações e decepções etc. Enfim, todos os atos e fatos ficam gravados nesse campo individual das emoções, ficando lá registradas todas as imagens do que a pessoa sente e já sentiu.

O Perispírito fica doente em primeiro lugar, depois o corpo físico. As manchas do Perispírito desaparecem somente com as boas ações.

Cores do corpo astral ou perispírito

Aura multicolorida

A aura humana é modificada instantaneamente pela variedade dos pensamentos emitidos numa alternância de relâmpagos sucessivos, embora algumas possam fazer pausas mais prolongadas. Ela é multicolorida. Parece uma nuvem oval luminosa que circunda o corpo.

Colorações do perispírito

Branco-azulado: Pureza, amor e caridade.
Azul e dourado: Sublimação do espírito (durante a meditação ou prece). Elevação moral.
Rosa: Afeição, amor, felicidade, ternura, alegria, bondade etc.
Vermelho: Paixões violentas, ódio, raiva, inveja, vingança, sensualidade, melindres, ciúme.
Alaranjado: Ambição e orgulho.
Cinzento: Depressão, tristeza, egoísmo, mágoas e ressentimentos.
Cinza-claro: Medo, dúvida, vacilação.
Cinza-escuro: Hipocrisia, mentira, desgosto.
Preto: Maldade.

Essas vibrações de cores são produtos da vibração do homem, são sua ficha de identificação perante os Mentores e Protetores Espirituais, as colorações atestam o estado de ânimo e a posição evolutiva de cada um.

Obs.: Dentro do Perispírito, quanto mais a cor cinza estiver próxima do corpo físico, mais graves são o estado e o grau de ansiedade e maior o seu impacto negativo sobre a saúde.

Estrutura do corpo astral ou perispírito

A textura é flexível = fluido.
O ritmo da energia é uniforme, quando a pessoa tem boa saúde. Projeta-se de 39 a 45 cm além do corpo físico.

3. Estrutura e função do corpo mental

O Corpo Mental é o instrumento por meio do qual a mente se expressa.

Seu estado de materialidade é mais sutil do que o do corpo etéreo e sua textura é mais fina do que a do etéreo.

O campo mental interpenetra os campos Astral e Etéreo (ou seja, o Duplo Etéreo e o Perispírito e Corpo Físico).

O Corpo Mental humano é um ovoide: Tipo o Corpo Astral, porém maior e menos denso. O cérebro físico é o parceiro Físico e instrumento da Mente, que emana e altera, pelos pensamentos, as energias do Corpo Mental.

Projeção do Corpo Mental: Projeta-se em torno de 90 cm além da periferia do Corpo Físico, interpenetrando o Duplo Etéreo e o Perispírito e Corpo Físico.

Forma-pensamento: É criada quando emitimos com o pensamento uma forte imagem mental, que cria vida energética independente.

Quando se criam formas-pensamento muito poderosas, com a força da mente sobre determinada coisa, a pessoa que as criou pode ser vítima dessas formas-pensamento, ficando aprisionada no interior de um muro criado por ela mesma, impedindo a entrada de novas ideias e novas energias mentais.

Os quatro corpos:

1) Físico ou Orgânico
2) Duplo Etéreo ou Vital
3) Perispírito ou Astral/Emocional
4) Mental (produzido pela mente)

Englobam o Espírito Encarnado = A Pessoa.

Os orixás, as doenças e a saúde

"A saúde é nossa herança, nosso direito. É a completa e total união entre alma, mente e corpo, isto não é um ideal longínquo e difícil de alcançar, mas tão simples e natural que muitos de nós o negligenciamos."

"A doença é o resultado do conflito entre a alma e a mente, e ela jamais será erradicada exceto por meio de esforços mentais e espirituais."

"Nossa saúde física depende do nosso modo de pensar, dos nossos sentimentos e emoções."

"As doenças reais e básicas no homem são certos defeitos como o orgulho, a crueldade, o ódio, o egoísmo, a ignorância, a instabilidade e a ambição... tais defeitos é que constituem a verdadeira doença (...) e a continuidade desses defeitos, se persistirmos neles (...) É o que ocasiona no corpo os efeitos prejudiciais que conhecemos como enfermidades."

"Os medicamentos devem atuar sobre as causas e não sobre os efeitos, corrigindo o desequilíbrio emocional no campo energético."

Dr. Edward Bach, 1930

Noções de saúde: perfeita harmonia da alma

Os princípios de Hipócrates:
- **Saúde:** estado de equilíbrio.
- **Enfermidade:** os humores e as paixões.
- **Cura:** poder inerente à natureza. "O poder de curar-se a si mesmo".
- **Terapêutica:** recursos naturais.

Somos a mais perfeita farmácia dentro de nós mesmos. "É o indivíduo que cura a si mesmo, acionando a farmácia interna." Como disse Jesus em suas curas: "A tua fé te curou. Vai e não peques mais para que não te aconteça coisa pior".

O homem vive por meio de três forças conjugadas: pensamento, vontade e ação.

Vivemos em rede, reunidos com todos os seres (isso é importante saber para promover a autocura). Unidos ao inconsciente coletivo, entendemos que as enfermidades se iniciam em nossos corpos sutis e, por último, manifestam-se no corpo físico. Elas são cristalizações, ou seja, pontos de aglutinação dos fluidos doentios, criando a predisposição orgânica para determinadas moléstias, que podem nos afetar em qualquer idade. Podemos classificar as predisposições orgânicas em quatro tipos distintos:

- **Predisposição cármica:** oriunda do perispírito enfermo que, ao reencarnar, já transmite e traz ao nascituro, mesmo ainda na vida intrauterina, as moléstias que a matéria ou o espírito têm de sofrer para seu aprimoramento. (Existem doenças cuja cura não é para esta vida.)

- **Predisposição atraída:** provém de nossa vibração. Somos irradiadores e receptores de energia. Está dentro da lei do semelhante que atrai semelhante. Este tipo de atração gera autointoxicação, pela via fluídica. Podemos citar, por exemplo, uma pessoa extremamente desequilibrada e colérica, que vai atrair para si as mesmas energias negativas que emana. Dessa forma, podemos afirmar que não será apenas um único órgão afetado, – o fígado, que tem como somatização a raiva –, mas esses fluídos negativos se espalharão por outros órgãos vitais, como o coração, os pulmões e o estômago e daí, para os intestinos, aumentando o sofrimento.

• **Predisposição hereditária:** tem parte na cármica. Na verdade, os pais transmitem para os filhos muitos males, porque a carne é filha da carne.

O ensino do Evangelho diz que "uma boa árvore não pode dar mau fruto", ou "pelo fruto se conhece a árvore". Entretanto, mesmo nessa herança, há causas de ordem espiritual e, se a Lei assim determina, temos nisso o benefício em nosso aprimoramento espiritual.

Entendemos a predisposição do ambiente como o local onde fazemos nossa morada, a casa onde residimos com a família, parentes e estranhos também. Nesse ponto, destacam-se o local das refeições, a sala de estar e também o quarto de dormir. Nesses locais, os pensamentos emanados se condensam em nuvens, que se movimentam por todo o ambiente, obedecendo, em ondulações serpenteadas, aos chamamentos pelas vibrações sintonizadas. Quando a emanação é boa, com pensamentos harmônicos e salutares, a vibração do lar torna-se saudável e prazerosa; gera bem-estar e boa sensação de aconchego.

No caso contrário, as emanações inferiores e pesadas formarão as nuvens densas, doentias e escuras, trazendo discórdias e enfermidades das mais variadas ordens. Essas formas-pensamento (nuvens) não são visíveis ao olhar humano, mas podem ser sentidas, assim como existe no firmamento da crosta terrestre o produto das mentalizações da humanidade, como já nos deixou dito o espírito André Luiz.

Com relação aos Orixás, quando vibramos no desequilíbrio da energia cósmica em que o Orixá está atuando, seja da escassez, seja do excesso dessa energia, somatizamos em nosso corpo físico algumas doenças. O caminho correto é o do meio, ou seja, o da moderação.

Oxalá

Relaciona-se a problemas do sistema nervoso, doenças degenerativas como esclerose múltipla, cardiovasculares, problemas ósseos e mentais.

Na parte emocional, tendência a desenvolver melancolia. Corresponde ao sétimo chacra (da coroa), o chacra da transcendência, a capacidade de lidar com as situações sem se deixar levar por elas.

"A calma de se saber o que se é." Lucidez, serenidade e equilíbrio.

Este chacra em desequilíbrio está relacionado às dificuldades de percepção e conexão, e aos problemas mentais mais profundos.

Yemanjá

Podem apresentar distúrbios renais que acarretam prejuízos na pressão arterial, alergia a lugares fechados, rinite alérgica ou asma. Os pontos fracos são as glândulas suprarrenais e o aparelho reprodutor, ansiedade e nervosismo, dores de cabeça em razão da tensão.

Na correlação com o sexto chacra (frontal), ocorrem as disfunções neurológicas, incluindo também cegueira, surdez, ataques epilépticos e outras formas de disfunções emocional-mentais, além de dificuldade no aprendizado; Mal de Parkinson; doenças nervosas em geral e dificuldade em enxergar situações.

Neste chacra, encontra-se a clareza tanto de raciocínio como de compreensão das mensagens de outras dimensões, a canalização, a intuição.

Xangô

Refere-se aos problemas do sistema cardiovascular, de pulmão (incluindo câncer e pneumonia), hérnia, hipertensão, estresse e ansiedade, problemas de coluna e tensão nos ombros.

Correlação com o quarto chacra (cardíaco/glândula timo). Nas questões emocionais, inclui o medo de amar. Aqui é o centro da afetividade. O gostar de si mesmo, para poder compreender as relações básicas de amor pelos pais, filhos, cônjuges e amigos. A pessoa que vive bem consigo mesma promove harmonia e equilíbrio em seu ambiente.

O chacra cardíaco, estando em equilíbrio, harmoniza os demais.

Oxum

Apresentam-se os distúrbios ginecológicos, atingindo o útero, os ovários e as trompas. Possibilidade de depressão e estresse emocional. Este é o Orixá do amor incondicional, da fertilidade, da concórdia. Gosto refinado. Mas também guarda mágoas e não esquece uma ofensa ou uma traição, o que desequilibra o chacra cardíaco. Agarra-se às lembranças do passado. A cor verde é utilizada em todos os casos de cura; simbolicamente, é a cor do coração, que faz pulsar vitalmente todas as nossas funções. A mágoa é uma "má água", que necessita ser limpa nas águas cristalinas da cachoeira de Oxum, para que o coração possa pulsar livre e estabelecer boa relação de amorosidade consigo mesmo e possa se expressar de forma clara e segura.

Iansã

Possui como atributos o movimento, a mudança e a flexibilidade.

Está relacionada às doenças do sistema cardiorrespiratório, como angina e dores no peito, além de asma e bronquite. Sendo do elemento Ar, Iansã está ligada a todos os chacras, mas com ênfase no cardíaco. Ela propicia a higienização mental, a fluidez de raciocínio e o talento artístico.

Estão presentes também a impulsividade, a impaciência e a culpa. Domina os ventos, os raios e as tempestades.

Ogum

Relaciona-se aos problemas do sistema nervoso, o que torna seu aparelho digestivo mais sensível. Problemas nas articulações: braços, pulsos e mãos. Artrite, úlceras e todos os problemas relacionados com o estômago, além de problemas intestinais, de pâncreas – pancreatite –, de fígado – incluindo hepatite –, disfunções nas glândulas suprarrenais, náuseas e gripes.

Relacionado ao terceiro chacra, o plexo solar. É o centro da intuição que orienta a atividade diária da vida humana. Envolve o medo de assumir a responsabilidade por si mesmo, por suas necessidades, seus compromissos, suas finanças e seus pensamentos, atitudes e ações pessoais. Dificuldade de se libertar do controle da expectativa dos outros. Inclui todo o aparelho digestivo e respiratório. Quando o estômago começa a enviar, por meio da má digestão, o sinal de que está saindo do rumo, é hora de rever o que estamos fazendo e o que realmente queremos.

Qual é a nossa posição diante da vida? É necessário compreender que "aquilo que o cérebro não compreende, o estômago não digere". A respiração significa encontrar e viabilizar os caminhos para o que somos neste mundo.

Em equilíbrio, representa a alegria e a realização pessoal. É o chacra do poder pessoal, que, em pessoas inseguras, que não sabem o que são, apresenta desequilíbrio na energia e manifesta-se como autoritarismo.

Oxossi

Refere-se a doenças do fígado, úlcera e gastrite. Podem ocorrer problemas na garganta – cordas vocais/ligação com Touro, signo que rege a garganta. Ligado ao segundo chacra (umbilical), inclui todos os problemas de intestino, rins, ovários, região lombar (muscular ou coluna). Dificuldade de lidar com o cotidiano.

Este é o chacra no qual tratamos a elaboração das nossas relações emocionais com o cotidiano, tudo o que ocorre no dia a dia, os chamados "probleminhas", por exemplo, a empregada que não veio; o telefonema esperado; um atraso; uma reunião importante; ordenar a vida dos filhos; o engarrafamento de trânsito etc. São os acontecimentos que nos embananam e nos impedem de fluir; atravancam o nosso campo de ação imediato.

O impasse da pessoa perfeccionista que abarca tudo por fazer porque alega que os outros não fazem certo. Não delega e sobrecarrega. Quando delega, os outros não correspondem, ou seja, continuam não fazendo e esperando. Trabalho dobrado!

Estamos lidando atualmente com um embotamento coletivo, almas-grupo que não raciocinam e não definem nada!

Este chacra está ligado à doação de ectoplasma.

Oxossi é o Orixá da saúde, tanto no que se refere ao físico, como ao espiritual. É o perfeito equilíbrio do ser.

Pela boca entram os alimentos e saem as palavras. "A boca fala do que está cheio o coração."

Nanã Buruquê

Nanã é considerada Orixá primordial, vinculada às origens da Terra e dos homens. O processo de travessia da dimensão material para o plano espiritual, a viagem final que nos levará a aportar do lado de lá, como se atravessássemos um rio de lado a lado, é regida por este Orixá. Somente o desencarnado "desocupa" a crosta terrena, deixando de estar morto igual andarilho entre vivos encarnados, quando o portal de Nanã, que dá passagem à nova morada, for aberto.

Corresponde à lentidão nas reações motoras e mentais; retenção de líquidos.

Este é o Orixá da calma e da misericórdia. Relembra a nossa ancestralidade mística, o momento em que fomos criados em espírito. Ligada ao primeiro chacra, o básico, e também ao chacra coronário, pela sua energia sutil.

Nanã é a Grande Mãe, a que conduz os espíritos desencarnados ao mundo espiritual, aconchegando-os em seus braços. Sem pressa para a realização, o tempo não aflige. Benevolência e gentileza.

Nanã é Orixá de fundamento e de muita força magística. Seu sítio vibracional etéreo-astral junto à natureza decompõe pesadas energias, densas e altamente deletérias. É indispensável ao final das sessões de caridade de Umbanda, ocasiões que se realizam intensas descargas fluídicas.

Omulú

Corresponde à nossa necessidade de compreensão de carma, regeneração, evolução, transmutações. Elemento terra aqui e agora!

É o Orixá da misericórdia. Está presente nos leitos de hospitais, ambulatórios e em todas as enfermidades. Sua invocação nessas horas pode aliviar e trazer a cura, dentro do merecimento de cada um. Com relação ao chacra básico, refere-se aos problemas de musculatura das coxas, problemas sexuais, varizes, hemorroidas, distúrbios menstruais, problemas sanguíneos, desânimo, estafa física, falta de coragem, de decisão e dificuldade de escolha.

Este centro está relacionado ao nosso querer, ter iniciativa e atitude; nossa capacidade de entrar na vida, plantar e fertilizar. Esse processo vai desde escolher o que queremos gerar em nossa vida até ir à luta para buscar, e também passa pelo processo do que queremos eliminar, pela criatividade e pela capacidade de acionar o que foi escolhido. Livre-arbítrio – responsabilidade pelas nossas escolhas. Os –elementos necessários para esta ação são: coragem, decisão, entusiasmo, ânimo e disposição.

Não é possível dizer quanto tempo levaremos para "curar" o físico, nem mesmo se conseguiremos curá-lo. Estaremos ocupados tratando da doença durante o tempo que for necessário para aprender a enfrentar a situação que a causou – o que pode, inclusive, durar o tempo de nossa existência (existem doenças cujas curas não são para esta vida).

Não podemos confundir cura com eliminação de distúrbio físico; cura é alcançar o ponto de equilíbrio relativo a uma questão, e isso pode significar, inclusive, que a simples convivência pacífica e harmonizada com a "doença" pode ser muito mais confortável e menos desgastante do que tentativas inúteis de eliminá-la.

O importante é não ter falsas expectativas de alcançar uma "saúde perfeita" por meio de qualquer método de energização; é saber que, do ponto de vista das forças do Astral Superior, que regulam esses processos de energização e garantem seu sucesso, ter saúde é conseguir lidar com os altos e baixos que atravessamos naturalmente durante toda a nossa caminhada no Universo. Como, aliás, ocorre com todos os outros elementos componentes deste Universo, além do ser humano.

"Vosso corpo é a harpa de vossa alma, cabe a você retirar dele música melodiosa ou ruídos dissonantes."
Gibran Kalil Gibran

Nota:
Bibliografia consultada para o estudo deste capítulo:
CAVALCANTI, V. *O Equilíbrio da Energia está no Salto do Tigre*. Rio de Janeiro: Objetiva, 1989.
PEIXOTO, N. *Umbanda Pé no Chão*. Limeira: Conhecimento, 2008.
REYO, Z. *Alquimia Interior*. São Paulo: Ground, 2000.
TOLEDO, W. de. *Passes e Curas Espirituais*. São Paulo: Pensamento, 2010.

O medo bloqueia os centros de energia – chacras

Um dos fatores que bloqueiam os médiuns é o medo. Podemos criar desculpas para nos justificarmos perante nós mesmos, atribuindo a muitas situações externas da vida cotidiana os motivos de nossa desistência como medianeiros. Ao longo de mais de uma década como dirigente de um terreiro de Umbanda, pude averiguar que prepondera, como pano de fundo psicológico, o medo da mediunidade e, consequentemente, de assumir maiores compromissos. Este capítulo procura, à luz do conhecimento milenar oriental, estudar melhor o medo e como essa emoção afeta nossos centros energéticos ou chacras, interrompendo nossa conectividade com esferas vibratórias mais sutis, que habitam nossos mentores, o que interessa – e muito – aos obsessores.

Então, vem do Oriente a ideia, de especial valor, de que somos uma combinação das correntes de energia mental, emocional, psicológica e espiritual que se combinam para formar o corpo físico, e de que nossos corpos têm centros de energia chamados "chacras".

Cada um dos sete centros, localizados em pontos sequenciais ao longo da espinha dorsal, é responsável pela manutenção da saúde dos órgãos específicos e de funções orgânicas.

A energia flui continuamente por nosso corpo, a partir do topo da cabeça, e, à medida que viaja pela espinha abaixo, "alimenta" cada um dos centros dos chacras. O mecanismo físico da respiração é a contrapartida dessa "respiração não física", denominada *prana*, que significa "força da vida" nas tradições orientais.

O fluxo dessas correntes de energia é regulado em nosso corpo por nossas crenças e atitudes, as quais criam todos os nossos padrões de medo, nosso conceito de realidade, nossa compreensão de Deus e do Universo, nossas memórias e toda a informação que guardamos em nosso cérebro pelas experiências que tivemos e pelos variados tipos de educação e formação que recebemos.

Cada chacra é como uma conta bancária que requer investimentos constantes, feitos na forma de gotas de sabedoria, as quais representam o aprendizado adquirido nas experiências de vida da pessoa.

Os padrões específicos de medo e insegurança que correspondem ao *primeiro chacra do corpo humano* se relacionam à questão da segurança física. Os mais comuns são os seguintes:

Padrões de medo e insegurança relativos ao chacra básico

• Medo de não ser capaz de suprir as necessidades da vida para si mesmo e para a família.

• Sentimento de que o mundo externo é um local ameaçador e que você é incapaz de se sustentar por si mesmo ou de se proteger. (Não se trata apenas de proteção física; isso inclui o medo e a vulnerabilidade que acompanham violações dos direitos humanos ou a realidade de se encontrar numa situação sem direitos legais, quaisquer que sejam eles.)

• A insegurança gerada pela sensação de que nenhum lugar é a "sua casa" de que você não "pertence" a lugar nenhum.

• O medo que se origina do fato de não ser capaz de acreditar que você pode atingir suas metas.

• A sensação de que você só tem a você mesmo, sem o apoio de ninguém e completamente sozinho neste mundo.

Lembre-se: o fato essencial do desenvolvimento da doença é a intensidade do medo. Embora muitas pessoas tenham em comum algumas variações desses medos, um indivíduo se torna fisicamente vulnerável quando qualquer um dos medos exerce controle sobre sua saúde emocional e psicológica.

Algumas das disfunções mais comuns, que podem ser criadas como resultado desses padrões de medo, são: dor crônica nas costas (lombar), ciática, veias varicosas, problemas no reto, tumores e cânceres localizados nessas áreas do corpo.

Padrões de medo e insegurança relativos ao segundo chacra: umbilical

• Sensação de que você não tem poder sobre o que acontece com você sexualmente. Isso inclui experiências de abuso sexual, assim como relacionamentos especialmente manipulativos e controladores.

• Sentir-se inadequado sexualmente ou ter aversão pela atividade sexual. Isso inclui a tensão que acompanha sentimentos de ressentimento com relação ao poder do seu parceiro ou do sexo oposto em geral, assim como sentimentos de aversão ou de culpa relativos à sua própria sexualidade ou às suas preferências sexuais.

• Medo do parto ou sentimentos de culpa com relação à maneira de criar seu filho ou filhos.

- Desvalorização de si mesmo como resultado de pouco ou mínimo poder econômico. Isso inclui ressentimento com relação ao fato de ser controlado financeiramente por outros.
- Ressentimento resultante do fato de ser manipulado por outras pessoas. Isso inclui a sensação de ser vitimizado por circunstâncias particulares, como, raça, cor ou sexo.
- Sentir-se tão desprotegido que precisa manipular outras pessoas para manter controle sobre sua própria vida.
- Praticar qualquer nível de desonestidade em seus negócios ou em seus relacionamentos sexuais ou interpessoais.
- Medo de nunca ter o suficiente, que inclui medo da pobreza.

Algumas das disfunções mais comuns resultantes dessas tensões em particular ocorrem nas mulheres – todas as disfunções femininas, como problemas menstruais, infertilidade, infecções vaginais, cistos nos ovários, endometriose, tumores ou câncer nos órgãos femininos.

Para os homens, impotência e problemas na próstata, incluindo câncer (essas disfunções estão associadas à perda de poder econômico ou político, principalmente). Tanto para os homens quanto para as mulheres, disfunções comuns incluem dor pélvica e nas costas (lombar), herpes e todas as outras doenças sexuais, problemas de deslocamento de disco, todos os problemas sexuais e problemas urinários e na bexiga.

Padrões de medo e insegurança relativos ao terceiro chacra: altura do estômago

Também conhecida como plexo solar, é uma região do corpo particularmente sensível. Na linguagem energética, é a principal área "receptora" das primeiras impressões que a pessoa tem em qualquer situação em que se encontre, incluindo as primeiras impressões sobre as pessoas. Essa é a atividade da intuição. O plexo solar é o centro da intuição que orienta a atividade diária da vida humana.

• Medo de intimidação, que impede a pessoa de estabelecer relacionamentos ou situações baseadas na igualdade.

• Medo de assumir a responsabilidade por si mesmo, suas necessidades, seus compromissos, suas finanças e seus pensamentos, atitudes e ações pessoais.

• Ressentimento por ter de assumir responsabilidade por outra pessoa que não tem condições emocionais ou se recusa a assumir responsabilidade por si mesma. O ressentimento aumenta quando a pessoa também se sente incapaz de desafiar o parceiro irresponsável e, assim, permanece numa situação insustentável por achar melhor não desafiá-lo.

• Medo pelo fato de acreditar que não é capaz de lidar com o processo de tomada de decisões na própria vida.

• Raiva por ter seu poder de escolha desrespeitado, limitado forçosamente ou invalidado pelos outros.

• Raiva diante da sensação de abandono ou de negligência. Isso frequentemente ocorre em pessoas que desenvolvem o padrão de se dedicar constantemente aos outros, enquanto negam suas próprias necessidades, pelo medo de não serem amadas.

• Medo de ser criticado ou necessidade de criticar os outros para se sentir mais forte.

• Raiva e frustração por ser incapaz de se libertar do controle da expectativa dos outros.

• O padrão de descontar a raiva em "vítimas indefesas" por não ter suficiente coragem para desafiar a origem da própria raiva.

• Medo do fracasso.

Observação

A saúde não pode ser mantida quando a pessoa está consumida pelo ódio por si mesma. De fato, nada positivo pode ser criado na vida de uma pessoa quando, internamente, ela se envergonha de seu comportamento na vida.

As disfunções mais comuns criadas pela energia desses padrões negativos específicos são: artrite, úlceras e todos os problemas relacionados ao estômago; problemas intestinais e no cólon, incluindo câncer, pancreatite, diabetes e câncer no pâncreas; problemas de rins (também relacionados ao segundo chacra); problemas de fígado, incluindo hepatite; problemas de vesícula; disfunções nas glândulas suprarrenais; indigestão crônica ou aguda; anorexia e bulimia; náuseas e gripe.

Padrões de medo e insegurança relativos ao quarto chacra: cardíaco

Este é o chacra central do corpo, e o amor é o centro de nossa vida. Uma pessoa pode enfrentar qualquer crise ou tensão se tiver um sistema de apoio amoroso e forte.

A ausência de uma base de amor sólida cria uma situação interna na qual padrões específicos de medo, raiva e ressentimento podem se desenvolver no lugar do amor.

Sem amor, é fácil ter medo da vida.

- Medo de não ser amado ou a crença de que você não merece ser amado.
- Assumir a culpa por participar de atos de rejeição ou de abandono emocional.
- Ressentimento por ver outras pessoas recebendo mais amor e atenção que você.
- Medo de demonstrar ou compartilhar afeição.

- Desenvolver sentimentos de culpa por demonstrar raiva, hostilidade ou criticismo como substitutos do amor.
- Sentir-se emocionalmente paralisado ao passar solidão excessiva.
- Envenenar-se emocionalmente por acolher muitos sentimentos negativos e julgamentos com relação aos outros ou a outras formas de vida.
- Envenenar-se emocionalmente apegando-se a velhas feridas e a ressentimentos antigos.
- Desenvolver medos emocionais e amargura por acreditar que não pode perdoar ou por se recusar a perdoar.
- Criar continuamente relacionamentos que não são gratificantes ou são abusivos.
- Culpa pela sensação de fracasso em satisfazer seu lado emocional.
- Fazer algo ou estar com alguém quando o seu "coração não está presente".
- Muita mágoa e tristeza que resultam em "coração partido".

Esses traumas e sofrimentos criam uma "congestão emocional" e o corpo físico também reage a essas tensões.

As doenças físicas mais comuns são problemas no coração, incluindo ataques cardíacos; dilatação cardíaca; artérias bloqueadas e colapso cardíaco congestivo; asma; alergias; problemas de pulmão, incluindo câncer; problemas nos brônquios; pneumonia; problemas de circulação e todos os problemas na parte superior da coluna e nos ombros.

Padrões de medo e insegurança relativos ao quinto chacra: garganta

A energia desse centro flui inicialmente pela tireoide, pela traqueia, pelo esôfago, pelas vértebras do pescoço, pela garganta e pela boca, incluindo os dentes, a gengiva e a região maxilar.

Corresponde ao desenvolvimento da expressão pessoal e, principalmente, ao uso da força de vontade do indivíduo.

A autoexpressão e a criatividade são cruciais para a saúde – e não apenas para a saúde física. A criação de uma vida saudável, assim como de um corpo saudável, requer da pessoa o domínio de sua vida. Isso inclui ter a capacidade de expressar suas próprias necessidades.

• Medo da asserção de seus próprios desejos e direitos – esse medo frequentemente faz a pessoa permitir que os outros a vitimizem, em razão de sua incapacidade de se comunicar de maneira firme em seu próprio benefício.

• Medo de expressar suas necessidades emocionais, seus sentimentos e suas opiniões. Bloqueando quase totalmente qualquer nível de criatividade.

• Tornar-se desonesto ou mentiroso como forma de encobrir sentimentos ou negar responsabilidade sobre suas ações.

• Usar sua vontade para controlar ou influenciar a vida de outras pessoas em proveito próprio.

• Arrependimento e raiva dirigidos contra si mesmo, que vêm da incapacidade de dizer "sinto muito", "eu te amo" ou "eu te perdoo".

• Incapacidade de expressar mágoa, tristeza e pesar. Isso inclui a incapacidade de chorar.

• Acumular arrependimentos por não ser capaz de falar por si mesmo quando surgem oportunidades em sua vida.

• Permitir que sua força de vontade não se desenvolva, pois espera que alguém tome as decisões por você.

- Exagerar e enfeitar a verdade, um mau uso do quinto chackra. Isso inclui o hábito de fofoca.

Padrões negativos: garganta irritada e dor de garganta crônica, incluindo câncer na garganta e na boca; problemas nas gengivas, nos dentes e desalinhamento do maxilar (síndrome da articulação temporomandibular); escoliose (espinha dorsal curva); torcicolo; laringite; amigdalite; dores de cabeça tensionais na base do pescoço; glândulas e tireoide intumescidas.

Também numa categoria própria estão os vícios: álcool, cigarro, açúcar, comida e qualquer outra forma de vício que indique uma incapacidade de controlar sua própria força de vontade e desafiar medos ou limitações presentes em sua vida.

Padrões de medo e insegurança relativos ao sexto chacra: frontal

Localiza-se no centro da testa. Também é denominado "o terceiro olho" ou "o olho da sabedoria", já que é reconhecido como a porta de entrada da sabedoria mais elevada e da intuição. O cérebro, os ouvidos, o nariz e as glândulas pineal e pituitária são as regiões físicas do corpo alimentadas pela energia deste chacra. Essa energia ajuda na aprendizagem e no desenvolvimento da inteligência e da capacidade de raciocínio.

O desenvolvimento espiritual é o processo de dar atenção às capacidades e às qualidades mais profundas da natureza humana, e trabalhar para aperfeiçoá-las. A disciplina do desapego, por exemplo, é a prática de desenvolver tamanha força pessoal que se é capaz de interagir em qualquer situação da vida, contribuindo no mais alto grau de visão e sabedoria, sem necessidade de controlar o desenrolar dos acontecimentos.

É reconhecido como o ponto de entrada da intuição, da sabedoria e da intuição. O processo de desenvolvimento para se atingir a expressão espiritual requer da pessoa o aprendizado da linguagem da consciência: introspecção, autoanálise e responsabilidade pessoal. Esses são os instrumentos que, então, servem ao indivíduo quando ele procura uma disciplina espiritual pessoal, como a meditação ou a oração.

A ausência dessas capacidades permite que o medo reine no seu mais alto grau dentro da consciência da pessoa.

Um extraordinário número de medos e padrões de comportamento negativos é capaz de contaminar a energia do sexto chacra. Citamos alguns:

• Medo de olhar para dentro de si mesmo ou medo da autoanálise e da introspecção.

• Medo de suas próprias habilidades intuitivas, que dá origem a bloqueios à sensibilidade interior.

• Uso inadequado do poder intelectual, como a participação na criação de algo prejudicial à vida ou em atos deliberados de fraude.

• Uso da capacidade de raciocínio contra si mesmo, como ao desenvolver mecanismos de negação psicológicos ou emocionais. Essa é a prática de negação da verdade, que resulta na incapacidade de discernir com clareza sua própria realidade.

• Medo que resulta da crença de que se é intelectualmente inadequado.

• Ciúme e insegurança com relação à capacidade criativa de outra pessoa.

• Medo de ser influenciado pelo valor das ideias de outras pessoas.

• Má vontade ou recusa em aprender com as experiências da vida. Isso frequentemente leva a culpar constantemente outras pessoas por tudo o que acontece de errado em sua própria vida e a um padrão infindável de repetição das mesmas situações de aprendizado difíceis e dolorosas.

• Comportamento paranoico, ansiedade pela sensação de não conhecer a si mesmo.

Algumas das disfunções: tumores cerebrais, hemorragias cerebrais e coágulos de sangue no cérebro; problemas neurológicos; cegueira; surdez; problemas em toda a espinha dorsal; enxaqueca ou dores de cabeça em razão da tensão; ansiedade ou nervosismo, incluindo colapso nervoso; coma; depressão; esquizofrenia; ataques epilépticos e outras formas de disfunções emocional-mentais; dificuldade no aprendizado.

Padrões de medo e insegurança relativos ao sétimo chacra: coronário

Localiza-se no topo da cabeça (coroa). As partes físicas que correspondem à energia desse centro são os principais sistemas do corpo: sistema nervoso, sistema muscular, esqueleto e pele.

Na linguagem energética, o sétimo chacra é o ponto de entrada da força da vida humana propriamente dita – uma corrente de energia invisível que jorra ininterruptamente no sistema energético humano, nutrindo cada parte do corpo, da mente e do espírito.

Atitudes são ímãs. Atraímos pessoas, oportunidades e acontecimentos da mesma qualidade de nossas atitudes mais fortes e dominadoras, e o que é mais importante ainda: nossas atitudes são regidas pela Lei Universal da Atração – igual atrai igual.

Nós criamos a nossa realidade. Os instrumentos usados no processo de criação são todos invisíveis; eles são as nossas atitudes, crenças, valores, Ética e energias emocionais. Atitudes negativas diminuem a força vital. A negatividade nessa escala é como represar um rio; é desconsiderar continuamente o valor e o propósito da vida. A força vital se enfraquece de maneira gradual, mas contínua. O corpo, a mente e o espírito começam a sofrer de "desnutrição energética". Se essa espiral descendente continuar irrefreada, o espírito experimenta falta completa de energia e acaba se tornando impossível reabastecê-lo; o corpo, consequentemente, morre.

Você tem que se conhecer para fazer escolhas que não coloquem seu Eu Interior em crise.

Este chacra se relaciona com assuntos que envolvem a vida da pessoa como um todo. Os padrões de negatividade são da mesma dimensão.

- Crise ao compreender que está vivendo uma vida sem sentido.
- Crises espirituais, como a falta de fé.
- Crise que acompanha a incapacidade de confiar nos processos de vida naturais e solidários.
- Falta de coragem e de fé em si mesmo.
- Viver de acordo com a energia de atitudes negativas, que impedem o indivíduo de ver oportunidades de mudança.
- Medo do próprio desenvolvimento – isso inclui o medo de conhecer a si mesmo.
- Padrões comportamentais negativos que resultam da incapacidade de pensar e raciocinar além dos limites de suas próprias necessidades.
- Padrões comportamentais negativos que resultam da má vontade de crescer e de mudar para se ajustar aos desafios da vida.
- A incapacidade de ter uma visão mais ampla do processo em curso em sua própria vida.

Os tipos de doenças que podem resultar desses padrões de negatividade são: disfunções do sistema nervoso, paralisia, problemas genéticos, problemas ósseos, incluindo câncer, e doenças degenerativas, como esclerose múltipla e esclerose lateral amiotrófica.

Disciplina é fundamental: regimento interno do grupo de umbanda triângulo da fraternidade

As diretrizes de segurança mediúnica e as normas e sanções disciplinares previstas neste instrumento regimental são válidas para todos os dias de caridade do Grupo de Umbanda Triângulo da Fraternidade. Aos coordenadores – dirigentes –, de dia é dado o poder para exercitá-las plenamente. Todos são membros da corrente, embora cada dia de trabalho tenha características rituais e litúrgicas próprias, mas que se somam a uma única egrégora geradora e mantenedora no Astral do Grupo de Umbanda Triângulo da Fraternidade. Indistintamente, todos os membros da corrente – individualidades – têm a obrigação e o dever de apoiar incondicionalmente este Regimento Interno, objetivando a harmonia coletiva.

1. O Triângulo da Fraternidade é um templo religioso legalmente constituído, sem fins lucrativos, com a finalidade de instruir e praticar o culto aos Orixás dentro dos conceitos teológicos desenvolvidos na vivência templária e mediúnica de seu sacerdote-presidente e fundador – Norberto Peixoto. É uma organização religiosa aberta a todos que busquem com fé e amor as respostas aos questionamentos da vida, ajuda espiritual e desenvolvimento da consciência, dentro dos preceitos praticados da Umbanda com Jesus, Ramatís, Kardec e os Orixás, numa proposta espiritualista universalista crística, eclética e convergente.

2. O estudo, a disciplina e o trabalho são os métodos utilizados pelo Triângulo da Fraternidade, de acordo com seu Guia-Chefe, para o desenvolvimento de suas atividades religiosas.

3. A instrução oral e escrita para educar, que se faz em todos os momentos rituais e pelos livros disponibilizados a todos, faz parte essencial da vida dos membros que participam do Triângulo da Fraternidade e se processa, em primeiro lugar, por meio das palestras doutrinárias e, em segundo lugar, pelo estudo sistematizado da Umbanda, que são obrigatórios para todos os interessados em fazer parte da Corrente. O aspirante a membro da Corrente só será avaliado se participar ativamente desses dois eventos educacionais da consciência. Um espiritualista sem cultura espiritual é fadado à superstição e a ser vítima dos espíritos ignorantes e obsessores.

A Capacitação Mediúnica é uma obrigação essencial e obrigatória dos médiuns da Corrente.

O Triângulo da Fraternidade fornecerá, também, uma diversidade de eventos que possam levar os seus frequentadores a uma aculturação religiosa, libertando-os da ignorância espiritual. Neste intento, realiza seminários, encontros de estudos, cursos, bem como todas as palestras e eventos são gravados, aproveitando-se os recursos midiáticos gratuitos da Internet – lista, blog e canal de vídeos – com o objetivo de dar publicidade e democratizar ao máximo o acesso ao conhecimento.

4. A Disciplina é fator preponderante na vida do Triângulo da Fraternidade. Dizem os Mentores Espirituais que só atuam se a disciplina for real no Templo. Disciplina significa humildade. Respeito às determinações deste Regimento, do Guia-Chefe e do Presidente/sacerdote Dirigente do Triângulo da Fraternidade. O respeito à hierarquia constituída, a assiduidade e o comportamento de acordo com este Regimento marcam a vivência disciplinar do membro da Corrente e mostram a sua maturidade e crescimento espiritual. Se alguém não concorda com essa disciplina, não deve pretender fazer parte dessa Corrente, pois só trará aborrecimentos para si e perda de tempo para os dirigentes do Triângulo da Fraternidade. Diz o Caboclo Ventania que "querer fazer caridade sem disciplina é perder tempo e se misturar com espíritos indisciplinados e vadios, que só trarão enganos e ilusões". Diz-nos ainda Caboclo Pery que "uma banana podre não deve contaminar o cacho", orientando que o interesse coletivo não deve e não pode ser ameaçado por interesses individuais egoísticos. Essas diretrizes alicerçam o presente REGIMENTO INTERNO.

5. O trabalho é constituído pelas atividades dos membros da Corrente no Triângulo da Fraternidade. Essas atividades vão desde o desempenho da mediunidade, até a colaboração para o asseio e manutenção da parte física do Templo – obrigação de todos.

6. A presença dos membros da Corrente nas atividades do Triângulo da Fraternidade é de vital importância. Quando você se alista como membro da Corrente, o Plano Astral inclui seu nome na lista de trabalhadores da casa, seus guias se postam para prepará-lo para o desempenho da sua mediunidade, em nome de Jesus e dos Orixás, a serviço da caridade e do crescimento espiritual. Sua falta cria um vazio, um buraco nos elos da Corrente. Você não vem, mas seus guias vêm, eles não faltam.

7. É pedido ao membro da Corrente que dê no mínimo um momento de sua vida semanal a serviço da espiritualidade, que, com certeza, saberá lhe retribuir com aumento de paz e tranquilidade interior, defendendo-o das investidas do mal, no sentido de que o médium estará fazendo parte de um agrupamento que serve à coletividade. Lembre-se de que, embora dispostos ao serviço da caridade, nós é que somos os maiores beneficiados com ela, pois aqueles que sofrem dos dois lados da vida, encarnados e desencarnados, a quem somos direcionados a ajudar, nos oferecem a oportunidade de resgate de dívidas e aumento de bônus espiritual, se o fazemos na disciplina, na ordem e no amor.

8. Esse momento semanal é para a participação com a finalidade de Capacitação Mediúnica na Sessão de Caridade (Giras) e na sessão de educação mediúnica, que acontece ao término dos trabalhos da Gira.

9. Somente três razões justificam, para um médium consciente e sério, a ausência como membro da Corrente e de suas atividades: doença (própria ou de filhos ou dependentes que necessitem de sua presença); trabalho profissional; férias anuais ou eventos familiares que obriguem a presença do médium (que deverão ser combinados com

os dirigentes). Qualquer outra razão séria poderá ocorrer, desde que autorizada pelo sacerdote dirigente ou cambono-chefe.

10. Tendo necessidade de faltar a alguma atividade no Templo, o membro da Corrente deverá comunicar, obrigatoriamente, ao sacerdote dirigente, ao diretor de rito ou ao cambono-chefe, se possível com antecedência, para que possa ser substituído em sua atividade, pois não devemos perder tempo com imprevistos, uma vez que sempre temos muitas atividades a fazer para atender a todos que vêm pedir ajuda.

11. Três (3) faltas seguidas determinarão o DESLIGAMENTO DEFINITIVO do membro da Corrente, exceto nos casos em que houve justificativa aceita e autorização expressa pelo sacerdote dirigente, ou licença concedida ao médium, de acordo com a necessidade temporária de se ausentar das atividade do Templo por certo período. O dirigente pode autorizar essas ausências por, no máximo, 6 (seis) meses. Passado esse período, só poderá ser renovada essa licença com autorização expressa do Plano Espiritual. Não havendo o retorno do médium no período mínimo acordado, este será desligado definitivamente da Corrente. É imperioso para a SOLIDEZ DE NOSSA EGRÉGORA, e exigência deste regimento interno, que, afora os motivos justificados de ausência, o membro da corrente do Triângulo da Fraternidade tenha 100% (cem por cento) de comparecimento, ou seja, não serão toleradas ausências repetidas do tipo vem numa sessão e falta noutra, ou vem numa sessão e falta a duas. Nestes casos, em que o membro da Corrente não consegue ter REGULARIDADE e FREQUÊNCIA, será DESLIGADO da Corrente. Quanto às férias, devem ser acertadas caso a caso com os dirigentes, sendo feita escala, preservando-se o calendário ritolitúrgico do Triângulo da Fraternidade, um templo – igreja – religioso que atende à coletividade.

11-1. Nosso período de recesso anual se dá entre o Natal e o Ano-Novo. Não tiramos férias no verão. Todo membro da corrente do Triângulo da Fraternidade deve ter DISPONIBILIDADE para, no mínimo, um momento semanal de doação à religião, inclusive na estação do ano mais quente. Obviamente, todos têm direito a férias, devendo ser comunicado com antecedência o período de ausência para que seja incluído na referida escala, objetivando a continuidade dos trabalhos de acordo com nosso calendário ritolitúrgico.

11-2. A qualquer tempo, por orientação espiritual, o sacerdote-presidente do Triângulo da Fraternidade pode AFASTAR – SUSPENDER – um membro da Corrente de suas tarefas para TRATAMENTO ESPIRITUAL. Por vezes, é necessário o afastamento, para que o médium possa calmamente refletir sobre sua conduta, postura e disposições psíquicas que o estão desarmonizando. Deve questionar-se o quanto a Lei de Afinidade faz com que ele permita interferências deletérias de consciências encarnadas e desencarnadas que nublam seu discernimento e o colocam em campos vibratórios negativos, prejudicando seriamente a harmonia coletiva da Corrente. As obsessões entre encarnados, desencarnados e encarnados, e vice-versa, bem como as auto-obsessões, são geradas e mantidas por uma postura equivocada daquele que, em geral, se considera a vítima. Assim, o tratamento espiritual, além dos atendimentos individualizados que possam ser feitos, sempre que necessário, é realizado com o afastamento do médium de suas tarefas, tendo que participar presencialmente de um ciclo de palestras, rituais do fogo e passes por no mínimo 7 (sete), 14 (catorze) ou 21 (vinte uma) sextas-feiras consecutivas – a ser definido caso a caso. Nesse período de tratamento, o membro da corrente não veste a roupa branca, mas assina o livro de presença, não sendo admitida falta. Havendo uma ausência sequer, reinicia-se o ciclo proposto, até ser completado com 100% (cem por cento) de presença. Havendo recidiva de falta por uma terceira vez, ou seja, se o membro da Corrente não conseguiu completar o ciclo proposto já reiniciado por 2 (duas) vezes, acontecendo uma terceira ausência no TRATAMENTO ESPIRITUAL, independente do motivo, estará formalmente DESLIGADO da Corrente do Triângulo da Fraternidade.

11-3. A qualquer tempo, por determinação de Caboclo Pery e de Caboclo Ventania, pode e deve, o sacerdote-presidente do Triângulo da Fraternidade, DESLIGAR DEFINITIVAMENTE um membro da Corrente nos casos em que seu comportamento individual esteja a comprometer a harmonia e a união do grupo, a saber: fofocas, intrigas, conflitos interpessoais, desrespeito para com os colegas e para com a hierarquia instituída, desleixo pessoal, agressividade, sarcasmo, assédio sexual e moral, roubo, furto, drogadição, alcoolismo, violência, mentira e tantos outros comportamentos nefastos que comprometem a UNIÃO, a MORAL e a ÉTICA, bem como a convivência harmônica, saudável e madura que se impõe a uma Corrente mediúnica caritativa que atende à coletividade num Templo Religioso.

11-4. Não é autorizado ao médium membro da Corrente fazer parte de outro agrupamento de Umbanda e, especialmente, participar de cursos que tenham "iniciações", como consagrações sacerdotais, de tronqueiras e altares, de firmezas diversas e otás de Orixás – sendo considerado quebra de decoro ético com a Coroa de Irradiação dos Orixás que assistem a egrégora do Grupo de Umbanda Triângulo da Fraternidade. Nesses casos, há o desligamento sumário do médium.

12. O Triângulo da Fraternidade é dirigido religiosamente pelo seu fundador e sacerdote-dirigente/presidente (Norberto Peixoto), em cargo vitalício. A qualquer momento, demais médiuns podem ser indicados na função sacerdotal, ocupando o cargo de pai ou mãe-pequena do Triângulo da Fraternidade. Na ausência do sacerdote-dirigente, o pai ou a mãe-pequena assume a direção religiosa do templo e, regularmente presente, é responsável pela orientação espiritual dos membros da Corrente e auxilia na direção ritolitúrgica das Giras. É de suma importância que sejam devidamente respeitados e ajudados pelos membros da Corrente. O desrespeito a qualquer um deles assume a proporção de desrespeito à Espiritualidade, que os colocou no exercício desses cargos, e acarreta a suspensão – 7 (sete) dias assistindo palestras e ritual do fogo – ou o desligamento do membro desrespeitoso pelo presidente/sacerdote-dirigente.

13. Administrativamente, o Triângulo da Fraternidade é dirigido pela Vice-Presidente e Diretora Material (Sarita) e pelo Diretor de Rito (Clóvis), formando uma tríade com o Diretor Religioso Espiritual (Norberto). Esses cargos administrativos são ocupados por indicação do sacerdote-presidente e têm prazo indeterminado, uma vez que o Triângulo da Fraternidade e a religião Umbanda não concebem eleições para ocupar quaisquer cargos, o que só serviria para desarmonizar a EGRÉGORA mantenedora do Triângulo da Fraternidade em sua parte Astral. Também existe um Grupo de Coordenadorias, cujos coordenadores são indicados pelo Presidente, igualmente por prazos indeterminados e enquanto for do interesse dos dirigentes do Triângulo da Fraternidade.

13-1. São dirigentes do Triângulo da Fraternidade: o seu Presidente e Diretor Religioso, médium consagrado na Lei de Pemba como Sacerdote de Umbanda e "pai" da família espiritual do Triângulo da Fraternidade (Norberto Peixoto), a Diretora Material (Sarita Alves) e o Diretor de Rito (Clóvis Rocha), que formam um Triunvirato Deliberativo, que é o responsável maior pela gestão do Grupo de Umbanda Triângulo da Fraternidade – Organização Religiosa – em seus aspectos ritolitúrgicos, mediúnicos e materiais.

14. O Grupo de Umbanda Triângulo da Fraternidade optou por não ter associados, que só querem ter direitos. Os membros da Corrente aceitam "doar" uma pequena contribuição mensal para custear as despesas básicas de manutenção de um Templo Religioso.

15. São terminantemente proibidas, nas dependências do Templo, conversas frívolas, sobre a vida alheia ou mesmo sobre a própria vida, brincadeiras e piadas que baixarão as vibrações ambientes, dificultando a atividade dos guias e Protetores do Templo.

16. No Abaçá (salão de atividades mediúnicas/terreiro) é expressamente proibido qualquer tipo de conversa, exceto aquela estritamente necessária para o desempenho litúrgico e ritualístico da religião e do culto aos Orixás, pois se trata de um ambiente consagrado e higienizado psíquica e espiritualmente pelos amigos espirituais em vista das atividades que ali ocorrem.

17. O Triângulo da Fraternidade existe no Plano Espiritual e é um hospital e escola no Astral e um templo religioso na materialidade. Não somos um CLUBE SOCIAL e assuntos profanos devem ser tratados fora do templo. Lembremos que somos observados o tempo todo e muitos espíritos enfermos estão em atendimento.

18. Devem ser evitadas, pelos membros da Corrente, enquanto não colocarem a roupa branca, conversas demoradas com o Público participante das atividades do templo religioso, pois assim serão evitados problemas. O público sempre quer saber sobre seus tratamentos, sobre os guias, enaltecem médiuns, o que é prejudicial, pois provoca a vaidade, maior inimiga dos médiuns. Quanto às atividades da casa e tratamentos, peçam que se dirijam aos membros da assistência e da secretaria, único órgão que está autorizado a dar tais informações e que tem um coordenador responsável. Após colocarem a roupa branca, é PROIBIDO aos médiuns que vão trabalhar na Gira dentro do terreiro falar com as pessoas da assistência. O coordenador da assistência e os cambonos estão autorizados a admoestar quem assim proceder e, em caso de recidiva, o desrespeito ao regimento será levado para os dirigentes do Triângulo deliberarem a respeito, em conformidade com este Regimento Interno.

19. Na Umbanda, os Pontos cantados devem agir como um mantra que, por sua entonação, meditação do conteúdo e força da expressão vocal, age chamando, evocando as Entidades Trabalhadoras de Umbanda; atraindo as forças energéticas dos Orixás em benefício dos trabalhos de Umbanda; ou mesmo harmonizando a psique dos médiuns e frequentadores do Templo de Umbanda, no sentido de lhes aprimorar a fé, acalmar os sentidos e proporcionar coragem e paz. Todos têm a OBRIGAÇÃO de cantar.

20. Não é necessário ter linda voz, pois não se trata de Teatro ou apresentação para os outros, mas de uma atitude de fé e confiança. Os pontos devem ser cantados com firmeza e em voz harmônica, dando-lhes toda a energia necessária a serem instrumentos evocadores e mantenedores das energias espirituais.

21. As incorporações, os passes, as desobsessões, os descarregos feitos pelos médiuns são parte do conjunto de afazeres espirituais que dia a dia fazem parte da vida do médium. Portanto, o médium é o patrimônio maior desta maravilhosa religião de Umbanda. Cuides bem do teu templo interior, pois tu és a igreja viva do Orixá.

22. Os médiuns têm que tomar certos cuidados para seu perfeito desenvolvimento. Devem cuidar de sua cultura, honrar e respeitar os espíritos trabalhadores do Templo, doar-se inteiramente à casa em que trabalham, sem, entretanto, esquecer de equilibrar sua vida profissional, social e familiar, fugindo do fanatismo tão nocivo e que traz para a Umbanda efeitos desastrosos. Na opinião daqueles que pensam e possuem certa cultura antropológica e religiosa, face à superstição, incultura e fanatismo de alguns membros de casas ditas umbandistas, referem-se à Umbanda como coisa de ignorantes e supersticiosos. Nada mais errado, pois a Umbanda se propõe a ser uma religião espiritualista que trabalha a fé pela razão.

23. Os membros da Corrente do Triângulo da Fraternidade devem respeitar as outras religiões, sem querer impor aos outros as suas convicções. Não somos melhores que ninguém.

24. Não ter vícios, controlar seu emocional e não cobrar nada da religião. Nunca aceitar favores ou pagamentos pelos trabalhos espirituais. Por isso mesmo, antes de aspirar a se filiar ao Triângulo da Fraternidade, deve-se procurar saber os princípios filosóficos que norteiam as atividades deste Templo Espiritualista de Umbanda, que tem como norma essencial e vital Educação, Disciplina e Trabalho.

24-1. É terminantemente PROIBIDO aos membros da Corrente do Triângulo da Fraternidade trabalhar em outros templos de

Umbanda ou afro-brasileiros. A OMISSÃO nesses casos será considerada falta grave e motivo de DESLIGAMENTO. O médium que frequenta nossa assistência e deseja iniciar como aspirante a membro de nossa Corrente deve, antes de qualquer iniciativa, desligar-se de outro agrupamento para que seu pleito seja avaliado.

25. O membro da Corrente deve fazer da Umbanda uma religião séria, contudo alegre, gostosa e vibrante. Para isso, não deve intrometer-se nos problemas dos irmãos de Corrente, nem jamais julgá-los. Seriedade não é cara feia e mau humor.

26. A conduta do membro da Corrente, no templo, tem que ser espelho da conduta do sacerdote, sempre disposto a concorrer para transformar, com disciplina e seriedade, em saúde e alegria, a dor e o sofrimento do próximo.

27. Fora do Templo, nos locais públicos, de trabalho profano, onde quer que o levem seus interesses materiais, deverá estar o cidadão correto, de moral ilibada, de conduta infensa a práticas reprováveis, testemunhando a vivência espiritualista crística que ensina a Umbanda.

28. Jamais um verdadeiro membro da Corrente do Triângulo da Fraternidade deixará de cumprir seu dever espiritual para se dedicar a atividades de lazer. É um sacerdócio sagrado o encontro semanal no Templo, é o mínimo que se exige para o crescimento espiritual e de consciência do indivíduo que se propõe a abraçar uma religião.

29. Da atividade mediúnica não decorrerá jamais qualquer paga ou retribuição, tanto em dinheiro como indiretamente, por meio de presentes ou outra qualquer forma de retribuição. É estritamente proibida a recepção, por qualquer membro da Corrente, de pagas ou presentes pessoais, a não ser aqueles que se destinem ao Templo como doação anônima e incondicional, que deve ser feita sem alarde na secretaria.

30. Os benefícios auferidos pelo membro da Corrente são outros. É o sentimento do dever cumprido. É a certeza de estarmos a serviço dos Orixás, socorrendo irmãos, usando faculdade da mediunidade que nos foi concedida, como sublime forma de praticarmos a caridade, elevando nossos espíritos e abrindo-lhes créditos na contabilidade cármica.

31. O exercício da função mediúnica é sacerdócio que somente poderá ser exercido com eficiência, quando a opção pela missão religiosa tenha sido feita com tranquila consciência e fé. O membro da Corrente no Triângulo da Fraternidade deve se sentir chamado por Jesus para colaborar com Ele na pregação do Evangelho e na ajuda aos irmãos sofredores.

32. O membro da Corrente deve ter um procedimento correto no templo, dentro da disciplina própria da casa, explicitado por este Regimento, no decorrer dos trabalhos espirituais e no atendimento ao público, sem distinção de raça ou credo religioso.

33. A atuação harmoniosa no lar, com a família, a lealdade e a seriedade nos locais de trabalho e no relacionamento com os companheiros da vida terrena são características indispensáveis ao bom médium.

34. Muitos médiuns têm dúvidas sobre as incorporações, achando que não é o espírito quem está falando, mas sua própria cabeça. Tenha a certeza de que, quando for animismo, os dirigentes da casa saberão como corrigi-lo. Tenha fé e confiança, deixe o guia agir e você, no futuro, verá a beleza do trabalho mediúnico que ocorrerá através de você.

35. Vejam como funciona: existe uma fusão do espírito do médium com o espírito comunicante, criando-se uma terceira energia. Por exemplo: o café e o leite, separados, são puros. Misturados, criam uma terceira bebida, que pode ser mais preta ou mais branca, conforme a quantidade de cada um. Mas sempre a união de ambos terá uma terceira qualidade.

36. É impossível a comunicação pura do espírito. Para o exercício mediúnico, é necessária a presença atuante do médium. Mediunidade é trabalho de dois: do guia ou Protetor e do médium. O importante é a presença do espírito, com maior ou menor intensidade. Por isso, é de suma importância que o médium estude e se esforce, sendo, assim, um melhor veículo de trabalho para os seus guias. Aconselha-se, sobre esse assunto de mediunidade, a leitura do livro *Mediunismo*, do espírito Ramatís.

37. Sabemos que, das qualidades mediúnicas, a semiconsciente é a que encontramos com maior frequência. O médium não deve participar a não ser como veículo de comunicação, mantendo-se totalmente neutro ou, ainda melhor, alheio ao que está passando como intermediário entre a espiritualidade e o plano terreno. Terminado o trabalho, deve procurar alhear-se a todo o acontecido. Se houver resquício de lembranças, com o tempo estas vão desaparecendo.

38. É expressamente proibido, ao médium ou ao cambono, qualquer comentário sobre o ocorrido durante a fase de trabalho mediúnico seu ou de outros médiuns. A mediunidade é sacerdócio e, portanto, tudo o que ocorre durante os trabalhos, especialmente nas consultas, é como se fosse "segredo de confissão". Esta é uma atitude de respeito aos guias e Protetores, e aos irmãos que vêm em busca de sua mediunidade para serem consolados, socorridos e curados. Humildade, portanto, e seriedade.

39. O fato é que, na mediunidade de incorporação semiconsciente, que, diga-se de passagem, também tem seus graus de variação, o espírito, ao desprender-se do médium com o qual trabalha, deixa neste quase que a totalidade das informações recebidas ou transmitidas durante uma sessão. Caso haja alguma necessidade, o espírito, atuando no sistema nervoso central e também no cérebro, pode fazer com que o médium deixe de se lembrar de alguma coisa, mas isso é exceção. A regra é o médium lembrar-se de quase tudo o que foi dito pelo espírito trabalhador. Nesse sentido, muito importantes são o respeito e a obediência que os médiuns devem ter para com o segredo de sacerdócio.

40. A discrição do médium sobre os assuntos que sua semiconsciência pode registrar, durante a incorporação, é primordial no uso da faculdade mediúnica e tão importante quanto o segredo profissional do médico. O médium que refere a outrem o que foi confiado ao guia incorre numa falha que prejudica a atuação da entidade que se manifesta e abala a confiança do irmão que busca uma orientação ou uma palavra de conforto. Tal procedimento poderá acarretar ao médium seu imediato DESLIGAMENTO da Corrente.

41. Não compete ao médium, também, relatar o êxito dos trabalhos desenvolvidos pela entidade de que é aparelho ou enaltecê-los. Todos nós sabemos dos resultados obtidos pela atuação do Caboclo, Preto Velho, Exu, Criança etc., sempre positivos, visando a constantemente restabelecer na mente do filho que os procura a fé, a serenidade, a confiança de que os problemas que parecem insolúveis virão a ter soluções aceitáveis, e que todos nós, vencendo com firmeza os obstáculos e nos empenhando pelo progresso espiritual, teremos condições de atingir nosso objetivo e cumprir corretamente a missão mediúnica. Todo guia e Protetor é bom e trabalha com a mesma fonte de energia dos Orixás; quem pode fraquejar ou prejudicar o trabalho mediúnico é o próprio médium com a sua ignorância, vaidade, orgulho ou coisas semelhantes. Neste sentido, no Grupo de Umbanda Triângulo da Fraternidade, os consulentes não escolhem médiuns e as fichas de atendimento são numeradas e distribuídas rigorosamente por ordem de chegada.

42. Na atualidade, não se concebe deixar os iniciantes com a falsa ideia de que, incorporados por um espírito, sua mente se apagará temporariamente. Muitos médiuns, sob a ação dos espíritos, acham que não estão incorporados, visto terem ouvido de outros que, durante a manifestação dos espíritos, não há consciência no médium. Criam, com isso, uma série de dúvidas na mente dos iniciantes, fazendo com que muitos pensem até não serem médiuns de incorporação. A inconsciência é rara e visa sempre a uma missão especial e sacrificial.

43. Infelizmente, alguns médiuns insistem em dizer que não se lembram de nada depois que o espírito interventor se afasta, como se isso fosse de importância para o êxito do trabalho mediúnico. Esses médiuns estão preocupados em aparecer, demonstrar poderes, tudo pura vaidade e superstição, que não se coaduna com a presença de Espíritos de Altas Vibrações, atraindo, com esse comportamento, espíritos ignorantes e mistificadores. Se você não se lembra, não exalte isso. Fique calado, pois isso só interessa ao seu ego vaidoso.

44. Para nós, se você é consciente, semiconsciente ou inconsciente, não tem nenhuma importância para as atividades mediúnicas e o trabalho espiritual do Templo. O que importa é a humildade, a fé, a assiduidade, a moral, o caráter e a conduta do médium.

45. A Corrente é a grande força do templo umbandista. Na verdade, a Corrente merece mais cuidados do que as paredes e toda a estrutura física do Templo. Tudo gira em torno dela. Se um elo dessa Corrente estiver fraco, pode desestruturar todo o trabalho e dar acesso às energias negativas que, muitas vezes, conseguem prejudicar a vida de muitas pessoas ligadas a essa casa espiritual. Devemos sempre lembrar: "Ninguém é tão forte como todos nós juntos". Se um elo for contra os demais e NÃO SE ADAPTAR AO GRUPO, ele será DESLIGADO da Corrente.

46. Para manter a Corrente sempre iluminada, a disciplina no Triângulo da Fraternidade é rigorosa, e o seu princípio está no respeito à hierarquia. O membro da Corrente que não se sinta inserido nesse campo de atividade de acordo com as normas aqui exaradas deve procurar outra casa, pois, assim, será melhor para ele, e evitará constrangimento ao ser pedida a sua retirada voluntária ou, então, efetivado o seu desligamento.

47. Existem algumas ações que devem ser observadas pelos membros da Corrente durante os trabalhos mediúnicos:

I) Encostar-se na parede: um médium não deve nunca se encostar à parede durante os trabalhos, pois muitas energias negativas circulam por trás da corrente mediúnica e, assim, o médium pode pegar uma carga negativa que prejudicará o seu campo magnético.

II) Pôr a mão na cabeça dos médiuns e consulentes: na cabeça, localiza-se o chacra coronário, por isso, na Umbanda, chama-se de coroa, por onde ela absorve as energias dos Orixás. Quando alguém coloca a mão na cabeça de outra pessoa, pode passar para ela suas próprias energias, que nem sempre são salutares e equilibradas, podendo, assim, causar dores, desconforto e confusão mental. Ainda, deve-se ao máximo evitar encostar-se no consulente. Somente nos casos em que ele fica tonto, deve-se ampará-lo fraternalmente segurando-o.

III) Sair da Corrente sem permissão: na hora em que os médiuns ou os guias estão trabalhando ou dando os passes, muitas energias negativas, miasmas, larvas astrais, obsessores, sofredores e quiumbas, estão sendo retirados dos consulentes, bem como muitas energias positivas e vibradas pelos Sagrados Orixás estão sendo invocadas. Por esse motivo, os médiuns que estão desincorporados, devem estar com o pensamento firme, através de orações mentais ou cântico dos pontos, e não devem, nunca, sair da corrente sem autorização do Guia-Chefe da Gira ou do dirigente, ou do cambono-chefe, e muito menos aproveitar esse momento para conversar com seus colegas de Corrente, pois estarão prejudicando o trabalho dos guias e Protetores e deixando de exercer a sua função na Corrente que deve ser de concentração, vibração e amor.

IV) Incorporar ou desincorporar sem autorização do Responsável pela Gira: dentro de um templo umbandista deve ser respeitada a hierarquia presente. Incorpora primeiro o guia do diretor espiritual, após os pais ou mães-pequenos, e só depois incorporam as demais entidades, quando chamadas pelo Guia-Chefe ou pelo diretor espiritual. Os guias só devem retirar-se dos trabalhos após o comando, ou com a licença do responsável, seja o Guia-Chefe, se ainda estiver incorporado, ou o diretor espiritual, caso o Guia-Chefe já tenha se retirado, ou o cambono-chefe. Isso significa disciplina, e nela os trabalhos espirituais têm muito maior eficácia e os Espíritos Superiores para eles são atraídos.

V) Usar joias, esmalte escuro, roupas íntimas escuras: as joias de metais, como brincos, pulseiras, correntes, tornozeleiras, etc., muitas vezes absorvem energias e ficam transmitindo-as a seus usuários. Como os trabalhos da magia de Umbanda são realizados com as energias da natureza transmitidas pelos Orixás, esses elementos de metal podem interferir na sua captação e diminuir a sua eficácia. O esmalte escuro, muitas vezes não é aceito pelo próprio guia da pessoa. As roupas íntimas escuras devem ser evitadas, pois chamam a atenção sob a roupa branca, além de coibir a absorção das energias positivas. Quaisquer adereços só podem ser usados com prévia autorização do dirigente.

VI) Incorporar Entidade com os cabelos amarrados: não se deve incorporar um guia ou Protetor com os cabelos amarrados, pois atrapalha o ato da incorporação.

48. Um dos aspectos que geram polêmica naqueles que desconhecem a Umbanda em seus fundamentos básicos diz respeito a sua liturgia, que muitos têm como atrasada. Isso acontece pela superstição e ignorância demonstradas por muitos médiuns em face da opinião pública. Pois bem, acontece que cada coisa dentro de um templo umbandista ali está por um determinado motivo. Nada é aleatório ou serve simplesmente como enfeite. Por trás de cada simples coisa, temos a movimentação das linhas de força da natureza e estruturas energéticas.

49. Os membros da Corrente devem sempre estar atentos aos rituais litúrgicos e às razões da existência de determinados sítios sagrados:

I) Fazer uma cruz no chão, ao entrar ou sair do Santuário (Terreiro) na frente da casa de Exu, na entrada do templo: com esse gesto, estamos saudando o alto, o embaixo, a direita e a esquerda deste templo, pedindo permissão para Exu adentrar no local.

II) Cumprimentar o congá: esse é o ato de reverência e submissão a Deus, a Suas Divindades – Orixás – e aos guias do Templo, inclusive seus próprios guias. O membro da Corrente, sempre que entrar no Terreiro deve cumprimentar primeiro o congá, encostando as mãos nele e baixando suavemente a cabeça e, SOMENTE APÓS VESTIR A ROUPA BRANCA, assinar o livro de presença (exceção quando o membro da corrente está SUSPENSO para TRATAMENTO ESPIRITUAL). A saudação ao Triângulo deverá ser feita tocando suavemente a cabeça – testa – no chão na frente do Pilão de Caboclo Pery, mostrando aceitação e respeito ao solo sagrado do terreiro, bem como renovando sua consagração como instrumento da misericórdia de Deus, pela ação dos Benfeitores Espirituais. Ainda, antes de adentrar no abassá, cumprimentar a tronqueira do Sr. Tranca Rua das Almas, Exu guardião interno e, finalmente, ao entrar, após o cumprimento de cabeça ao pilão de Caboclo Pery conforme descrevemos, cumprimentar os demais pontos de forças dos Orixás. Somente depois, se ainda não tiver sido feito o cruzamento, cumprimentar silenciosamente os demais membros e irmãos de Corrente com um PAÓ – encostar as palmas das mãos uma na outra e inclinar a cintura em direção ao irmão de Corrente. LEMBRE-SE: o que chega tem a OBRIGAÇÃO de se apresentar e cumprimentar os dirigentes e irmãos de Corrente.

III) Trabalhar descalço: o médium, sempre que possível, deve incorporar descalço por uma questão de humildade e para facilitar a incorporação, bem como para haver melhor descarga dos fluídos nocivos, diretamente para a terra. A terra é absorvedouro natural de cargas energéticas, facilitando na desimpregnação da pessoa que está sendo atendida. Estando o médium calçado, estará isolado da terra, o que dificultará a eliminação dos fluídos nocivos (negativos).

IV) Pontos cantados: em realidade, os pontos cantados, como já dito antes, são verdadeiros mantras, preces, rogativas, que dinamizam forças da natureza e nos fazem entrar em contato íntimo com as potências espirituais que nos regem. Existe toda uma magia e ciência por trás dos pontos que, se entoados com amor, fé e racionalidade, provocam, através das ondas sonoras, a atração, coesão, harmonização e dinamização de forças astrais sempre presentes em nossas vidas.

V) Passes: o passe é uma transfusão de energias psicofísicas, através do qual o médium cede de si mesmo em benefício de outrem. Para o êxito dessa operação, cabe ao médium passista buscar na prece o fio de ligação com os planos mais elevados da vida. Mágoas excessivas, paixões, desequilíbrio emocional, bem como alimentos inadequados e alcoólicos, são fatores que reduzem as possibilidades do passista e que, portanto, devem ser evitados. Aqueles que se consagram aos trabalhos de assistência aos enfermos através da Fluidoterapia devem cultivar, além da humildade, boa vontade, pureza de fé, elevação de sentimentos e amor fraternal. Os passes podem ser administrados pelo médium sem estar "incorporado". Nos trabalhos de Umbanda são muito utilizados os passes dados pelos guias espirituais através de seus médiuns pela irradiação intuitiva. Nesse tipo de passe, são utilizados os recursos pessoais do médium aliados às energias ativadas pelos seus guias espirituais. É tão válido como o passe dado pelo médium incorporado.

VI) Pontos de força dos Orixás: desde o advento da humanidade no globo terrestre, a natureza tem sido fonte inesgotável de recursos bioenergéticos para a criação, evolução e sedimentação dos vários organismos que a compõem.

É da natureza que se extraem os elementos necessários ao reajustamento das faculdades biopsicomotoras, tão importantes à mente, ao espírito e a parte corpórea. É na natureza que há uma maior interação entre o plano material e o astral. Em contato com rios, florestas, cachoeiras, mares etc., absorvemos as vibrações emanadas do Cosmo, que são recepcionadas por estes sítios de captação fluidico-espiritual.

Daí a importância dos trabalhos efetuados nos rincões da natureza, no tocante principalmente a limpeza, reajustamento e fortalecimento dos centros de força (chacras) e plexos nervosos, desintoxicação perispiritual, e assepsia da aura.

Alguns pensam que as florestas, rios, mares, pedreiras etc. são lugares somente destinados à louvação dos Orixás, o que é um engano. Em realidade, quando nos direcionamos a estes lugares, somos nós, médiuns, que recebemos as graças e os cuidados que todo aquele que serve de medianeiro à ação dos espíritos bons necessita ter.

Durante uma Gira ou sessão nos campos vibratórios, somos ofertados por nossos guias e Protetores com uma contínua carga de fluídos positivos, cujos elementos constitutivos são retirados das flores, folhas, raízes, água doce, água salgada etc. Neste aspecto, o trabalho de nossos amigos espirituais é facilitado, pois estando seus aparelhos em contato direto com a natureza, e por isso sujeitos à influência das energias dali emanadas, a missão de impregnação fluídica positiva torna-se mais eficaz, o que seria difícil acontecer longe desses campos. Devido ao acúmulo de cargas eletromagnéticas densamente negativas sobre as cidades, produto do atual estágio consciencial e comportamental das pessoas, os fluídos dos sítios vibratórios sofrem, quando direcionados a outro lugar, o ataque de energias negativas chamadas formas-pensamento e também de espíritos de baixa vibração, que impedem, total ou parcialmente, que aquelas energias cheguem ao seu destino.

Desta forma, a natureza constitui-se em fonte de equilíbrio, reequilíbrio, harmonização, desintoxicação, assepsia, imantação e caridade, frente aos trabalhos de Umbanda.

Temos dentro do terreiro a representação simbólica dos Orixás cultuados que servem como pontos de apoio mental para a invocação destas energias sagradas, como se estivéssemos na própria natureza virginal.

50. APETRECHOS E UTENSÍLIOS LITÚRGICOS: Os apetrechos têm várias utilidades, normalmente eles servem para trazer algum tipo de vibração que será utilizada nos trabalhos que serão realizados.

I) Roupa branca: o branco na verdade não é uma cor, e sim o somatório de todas elas e, por isso, traz consigo as propriedades terapêuticas de todas. O branco também favorece a mente, estimulando pensamentos mais puros e sublimes. Por isso é que são usadas nos templos umbandistas apenas roupas brancas. Elas são consideradas objetos ritualísticos e sagrados. Sendo assim, o membro da corrente deverá zelar por ela, guardando-a em separado do restante das roupas, de preferência em uma sacola com algodão embebido da essência relativa ao Orixá que preside a atual encarnação dele. Sua lavagem deverá ser feita também em separado.

O médium jamais deverá vir vestido de casa com a roupa de trabalho mediúnico. Ele deverá, sim, colocá-la no momento em que entra no templo a fim de cumprir sua tarefa mediúnica. É permitido deixar a roupa litúrgica no vestiário, desde que devidamente acondicionada para não pegar pó e insetos.

II) Congá: o congá é um núcleo de força, em atividade constante, agindo como centro atrator, condensador, escoador, expansor, transformador e alimentador dos mais diferentes tipos e níveis de energia e magnetismo.

É atrator, porque atrai para si todas as variedades de pensamentos que pairam sobre o terreiro, numa contínua atividade magneto-atratora de recepção de ondas ou feixes mentais, quer sejam positivos ou negativos.

É condensador, na medida em que tais ondas ou feixes mentais vão se aglutinando ao seu redor, num complexo influxo de cargas positivas e negativas, produto da psicosfera dos presentes.

É escoador, na proporção em que, funcionando como verdadeiro fio-terra (para-raios), comprime miasmas e cargas magneto-negativas, e as descarrega para a Mãe-Terra, num potente influxo eletromagnético.

É expansor, pois que, condensando as ondas ou feixes de pensamentos positivos emanados pelo corpo mediúnico e assistência, os potencializa e devolve para os presentes, num complexo e eficaz fluxo e refluxo de eletromagnetismo positivo.

É transformador, no sentido de que, em alguns casos e sob determinados limites, funciona como um reciclador de lixo astral, condensando-os, depurando-os e os vertendo, já reciclados, ao ambiente de caridade.

É alimentador, pelo fato de ser um dos pontos do templo a receberem continuamente uma variedade de fluidos astrais, que além de auxiliarem na sustentação da egrégora da Casa, serão o combustível principal para as atividades do congá.

O congá não é mero enfeite, tampouco se constitui num aglomerado de símbolos afixados de forma aleatória, atendendo à vaidade de uns e ao devaneio de outros. Dentro dos Templos Umbandistas sérios, o congá tem fundamento, tem sua razão de ser, pois é pautado em bases e diretrizes sólidas, lógicas, racionais, magísticas, sob a supervisão dos mentores de Aruanda.

III) Imagens, quadros: para simbolizar o filho de Umbanda como é o Caboclo, o Preto Velho e demais Espíritos e Orixás humanizados, principalmente para aquele que não possui vidência. São um meio de aproximar o espírito e não se ora nem adora a imagem e sim o que ela representa.

IV) Atabaques: servem para manter o ambiente sob uma vibração homogênea e fazer com que todos os médiuns permaneçam em um mesmo padrão vibratório. Não são essenciais.

V) Sineta litúrgica: é um instrumento usado para saudar ou chamar uma entidade. Deve ser consagrada e utilizada em momentos apropriados somente pelo Diretor Espiritual ou por quem ele indicar, devendo ser guardada no congá e nos pontos de força adequados para este mister.

VI) Pemba: a força esotérica da escrita astral, na Umbanda, é feita pela Pemba (giz oval – forma cônica), que tem o poder de abrir e fechar trabalhos de magia. Serve também para traçar pontos que servem de firmeza e captação de forças para os trabalhos.

Pode-se afirmar que a Pemba é um instrumento sagrado da Umbanda, pois nada pode se fazer com segurança sem os pontos riscados. A Pemba é confeccionada em calcário e modulada em formato ovoide alongado, e serve para, para ao riscar, estabelecer ritualisticamente o contato vibratório com as energias cósmicas.

VII) Pó de Pemba: quando lançado ao ar, no ambiente ou sobre as pessoas, tem a função de purificação.

VIII) Charutos, cigarros e cachimbos: assim, à primeira vista, pode parecer incoerente uma entidade de luz "fumar" um cachimbo ou charuto.

E seria, se realmente fumassem. Mas eles não fumam. O que fazem é se utilizarem dos elementos das ervas, juntamente com os elementos ígneo (fogo) e aéreo (ar), para desestruturar larvas, miasmas e bactérias astrais que muitas vezes estão presentes na aura dos consulentes. É como se fosse uma defumação dirigida.

O uso deste material ainda é imprescindível na maioria dos terreiros, pois para eles se dirigem pessoas com todo tipo de necessidade, muitas com problemas espirituais graves e que emanam correntes mentais intoxicadas, pensamentos pesados, agressivos, enfim, com desmandos causados pela invigilância e descaso para com sua própria conduta, e é para combater essa classe de coisas que os nobres mentores passam a utilizar tais elementos, a fim de livrarem seus filhos de doenças e outros males. Nosso Planeta ainda é um grande hospital e, para cada doente, há um tipo de remédio.

Durante o período físico em que o fumo germina, cresce e se desenvolve, arregimenta as mais variadas energias do solo e do meio ambiente, absorvendo calor, magnetismo, raios infravermelhos e ultravioletas do Sol, polarização eletrizante da lua, éter físico, sais minerais, oxigênio, hidrogênio, luminosidade, aroma, fluidos etéreos, cor, vitaminas, nitrogênio, fósforo, potássio e o húmus da terra. Assim, o fumo condensa forte carga etérea e astral que, ao ser liberada pela queima, emana energias que atuam positivamente no mundo oculto, podendo desintegrar fluidos adversos à contextura perispiritual dos encarnados e desencarnados.

O charuto e o cachimbo, ou ainda o cigarro, utilizados pelas entidades, são tão somente defumadores individuais. Lançando a fumaça sobre a aura, os plexos ou feridas, vão os espíritos utilizando sua magia em benefício daqueles que os procuram com fé.

IX) Defumação: por meio dos aromas podemos ficar relaxados, agitados, próximos ou afastados de pessoas, coisas ou lugares. Por esse motivo, os templos do Egito antigo, dos Hindus, dos Persas, e hoje os templos umbandistas, católicos, esotéricos etc., sensibilizam o olfato por meio dos odores da defumação, harmonizando e aumentando o teor das vibrações psíquicas, produzindo condições de recepção e inspiração nos planos físico e espiritual.

Além de influenciar em nossas vibrações psíquicas, as ervas utilizadas na defumação são poderosos agentes de limpeza vibratória, que tornam o ambiente mais agradável e leve. Ao queimarmos as ervas, liberamos em alguns minutos de defumação todo o poder energético aglutinado em meses ou anos no solo da Terra, absorção de nutrientes dos raios do Sol, da Lua, do ar, além dos próprios elementos constitutivos das ervas. Desse modo, projeta-se uma força capaz de desagregar miasmas astrais que dominam a maioria dos ambientes humanos, produtos da baixa qualidade de pensamentos e desejos, como raiva, vingança, inveja, orgulho, mágoa, sensualidade etc.

Existem, para cada objetivo que se tem ao fazer-se uma defumação, diferentes tipos de ervas que, associadas, permitem energizar e harmonizar pessoas e ambientes, pois, ao queimá-las, produzem reações agradáveis ou desagradáveis no mundo invisível. Há vegetais cujas auras são agressivas, repulsivas, picantes ou corrosivas, que põem em fuga alguns desencarnados de vibração inferior. Os antigos Magos, graças a seu conhecimento e experiências incomuns, sabiam combinar certas ervas de emanações tão poderosas, que traçavam barreiras intransponíveis aos espíritos intrusos ou que tencionavam turbar-lhes o trabalho de magia.

Apesar de as ervas servirem de barreiras fluídico-magnéticas para os espíritos inferiores, seu poder é temporário, pois os irmãos do plano astral de baixa vibração são atraídos novamente por nossos pensamentos e atos turvos, que nos deixam na mesma faixa vibratória inferior (Lei de Afinidades). Portanto, vigilância quanto ao nível de pensamentos e atos.

X) Vela: é utilizada para atrair a luz da vibração ígnea, para si, para um espírito, para desfazer trabalho, para pedir graças ou agradecer aos espíritos. As cores variam de acordo com a necessidade do trabalho ou vibrações da pessoa. É sempre o elemento fogo sendo ativado e utilizado para determinados benefícios.

XI) Marafo (aguardente de cana): usado para descarrego e oferenda de gratidão aos trabalhos dos Exus.

Na magia de Umbanda utilizam-se elementos hídrico-eólicos de acordo com o trabalho realizado. Além de bebidas (aguardente ou marafo, vinhos, licores, champanhe etc.), são também utilizados água, éter, álcool, azeite etc., que são elementos líquidos e voláteis possuidores de equivalência no éter refletor, ou seja, têm sua contraparte astral, com a qual se acasalam e condensam ou projetam as vibrações que são firmadas na oferenda.

O que é preciso que fique claro é que esses elementos líquidos não são utilizados para servirem de bebidas aos Exus, não! Sua finalidade é puramente magística e presta-se para fins de movimentação de forças sutis. Juntamente com os demais elementos das oferendas, formam escudos elementais, inclusive em casos especiais para dar maior frequência vibratória ao corpo astral do médium magista, para que não sofra bruscas agressões quando está em trabalho de descargas várias, ou em desmanche de magia negra.

Portanto, eis a real finalidade de se usarem bebidas e demais líquidos nos trabalhos magísticos para fins diversos.

XII) Água: a água é um fator preponderante na Umbanda. Ela mata, cura, pune, redime, porque tem o poder de absorver, acumular ou descarregar qualquer vibração, seja benéfica ou maléfica.

A água que se apanha na cachoeira é água batida nas pedras, nas quais vibra, crepita e livra-se de todas as impurezas; com a água do mar, batida contra as rochas e as areias da praia, acontece o mesmo, por isso nunca se apanha água do mar quando o mesmo está sem ondas.

A água da chuva, quando cai, é benéfica, pura, porém, depois de cair no chão, torna-se pesada, pois atrai para si as vibrações negativas do local.

XIII) Guias: as guias usadas na Umbanda são polos de irradiação, para-raios e defesa, para os médiuns. Para montar uma guia, deve-se montar tranquilo, sem agitação externa.

51. Os banhos de ervas são transmissões de forças magnéticas para fortalecer, descarregar e limpar a aura, e o perispírito do membro da Corrente ou do consulente.

52. Os banhos só poderão ser prescritos pelos guias em trabalho, ou pelo Diretor Espiritual do Templo. Por sua vez, os preceitos de firmeza mediúnica SOMENTE são prescritos e acompanhados pelo Guia-Chefe e sacerdote-dirigente.

53. Todos os banhos de descarga devem ser tomados do pescoço para baixo; só se deve jogar o banho na cabeça quando for indicado pelo guia de Trabalho.

54. As folhas que caem dos banhos de ervas devem ser recolhidas e despachadas (jogadas) nos locais apropriados; em geral, em vasos grandes de plantas, jardins, num rio ou mata, mas nunca no lixo e nem nas ruas.

55. Ao vir para o Templo, prepare-se:

I) Limpeza Pessoal completa.

II) Roupa branca devidamente higienizada e passada.

III) Roupas adequadas.

IV) Alimentação leve e de fácil digestão.

V) Abstenção de bebidas alcoólicas no mínimo por 24 horas.

VI) Procurar ter um dia calmo e sem brigas.

VII) Buscar deixar o lar em harmonia.

VIII) Deixar os baixos sentimentos longe de você.

IX) Olhar o Desenvolvimento como uma fase promissora na sua caminhada espiritual.

X) Respeitar sempre a graduação dos mais velhos.

XI) Lembrar sempre que o ritual é longo e deverá ser aprendido vagarosamente.

XII) A limpeza do Centro depende de você também, conserve o salão mediúnico, a cozinha arrumada, o banheiro higienizado, o vestiário organizado, etc.

XIII) O pagamento em dias das mensalidades e rateios, sendo este o único processo para manutenção e acesso a confortabilidade.

XIV) Lealdade e cumplicidade com o Templo, evitando panelas, fofocas e críticas destrutivas.

XV) Manutenção integral da corrente, informando ao Diretor Espiritual ou ao cambono-chefe sua ausência, apresentando os motivos, ou sua saída para água, wc, etc.

XVI) Busque trazer todo os material necessário para as suas entidades, não necessitando, assim, utilizar o material de seus irmãos.

XVII) Avise sempre ao Diretor Espiritual e ao cambono chefe, se for o caso, quando for faltar a sessão, pois isto é norma obrigatória da disciplina.

XVIII) Auxilie sempre quando solicitado.

XIX) As saídas depois da sessão devem ser feitas de forma silenciosa.

XX) Seguindo tais sugestões, teremos com certeza um grupo mais interativo e harmônico.

56. São as seguintes, as normas de Conduta do Membro da Corrente do Triângulo da Fraternidade:

I) Manter, dentro e fora do agrupamento, na sua vida espiritual, religiosa e particular, conduta irrepreensível.

II) Procurar instruir-se nos assuntos espirituais e morais, estando atento aos estudos, freqüentando os Cursos, especialmente o Curso Básico de Espiritualismo de Umbanda.

III) Conservar sua saúde psíquica e física estando atento, principalmente, aos aspectos morais.

IV) Não alimentar vibrações negativas, estando atento à necessária manutenção dos atributos positivos, quais sejam: Fortaleza, Firmeza, Entendimento, Sabedoria, Vontade, Justiça e Humildade;

V) Estar atento às influências negativas para evitá-las, quais sejam: ira, leviandade, receio, soberba, egoísmo, arrebatamento, vaidade e luxúria, maledicência, etc... Lembre-se do alerta que nos dá o Mestre Jesus no Evangelho: "Vigiai e orai, pois a o espírito é forte, mas a carne é fraca".

VI) Não julgar que as entidades espirituais que o assistem são "mais fortes" ou "mais poderosas" que as demais, isto seria uma leviandade provocada pela imaturidade espiritual.

VII) Dê paz a seu protetor no Astral, deixando de falar tanto no seu nome, isto é, vibrando constantemente nele. Procedendo assim, você estará se fanatizando e "aborrecendo" a entidade.

VIII) Quando for à Sessão de Desenvolvimento, de Caridade ou outra atividade afim ao agrupamento, não vá aborrecido e quando lá chegar, evite conversas fúteis. Recolha-se a seus pensamentos de paz, fé e caridade pura para com o próximo.

IX) Lembre-se sempre de que sendo você um médium desenvolvido ou em desenvolvimento, é de sua conveniência tomar banhos de descarga ou lustrais, determinados pela Casa.

X) Não use "guias" ou colares de qualquer natureza sem ordem comprovada do Dirigente do Templo.

XI) Não se preocupe em saber o nome do seu guia ou protetor antes que ele julgue necessário e por seu próprio intermédio. É de toda conveniência também, para você, não tentar reproduzir, de maneira alguma, qualquer ponto riscado que o tenha impressionado, dessa ou daquela forma.

XII) Não mantenha convivência com pessoas más, viciosas ou maldizentes etc. Isto é importante para o equilíbrio de sua aura e de seus próprios pensamentos. Tolerar a ignorância não é compartilhar dela!

XIII) Acostume-se a fazer todo o bem que puder, sem visar às recompensas materiais ou espirituais.

XIV) Tenha ânimo forte através de qualquer prova ou sofrimento. Aprenda confiar e a esperar. Nos obstáculos e desafios é que se apresentam os melhores ensinamentos.

XV) Faça um recolhimento diário, pelo menos de meia hora, a fim de orar e meditar sobre suas ações e outras coisas importantes de sua vida, não adormeça sem ter lido um texto do Evangelho.

XVI) Não confie a qualquer um seus problemas ou "segredos. Escolha a pessoa indicada para isso.

XVII) Não tema a ninguém, pois o medo é a prova de que está em débito com a sua consciência.

XVIII) Lembre-se sempre que todos erram, pois o erro faz parte da condição humana e, portanto, ligados à dor, a sofrimentos vários, conseqüentemente, às lições, com suas experiências... Sem dor, sofrimento, lições e experiências não há Carma, não há humanização e nem polimento íntimo. O importante é que não se erre mais, ou não se cometa os mesmos erros. Passe uma esponja no passado, erga a cabeça e procure a senda da reabilitação (caso se julgue culpado de alguma coisa), e para isso, "elimine" a sua vaidade e não se importe, em absoluto, com o que os outros dizem de você. Faça tudo para ser tolerante e compreensivo, pois assim, somente coisas boas poderão ser ditas de você.

XIX) Zele por sua saúde física, com uma alimentação racional e equilibrada.

XX) Não abuse de carnes, fumo e outros excitantes, principalmente, álcool PREFERENCIALMENTE SEJA VEGETARIANO.

XXI) Nos dias de sessão, regule a sua alimentação, preferencialmente evitando alimentação pesada, e faça tudo para se encaminhar aos trabalhos espirituais, limpo de corpo e espírito.

XXII) Não se esqueça preferencialmente não se devem ter relações ou contatos carnais 24 horas antes das Giras e Trabalhos mediúnicos.

XXIII) Tenha sempre em mente que, para qualquer pessoa, especialmente o médium, os bons espíritos somente assistem com precisão se verificarem uma boa dose de humildade ou simplicidade no coração.

XXIV) Aprenda lentamente a orar confiando em Deus. Cumpra as ordens ou conselhos de seus guias ou protetores. Eles são os seus grandes e talvez únicos amigos de fato, e querem somente a sua felicidade e bem-estar.

XXV) Preserve-se, para seu próprio equilíbrio e segurança, contra os aspectos que envolvem sempre ângulos escusos relacionados com o baixo astral. Isso não é próprio das coisas que se entende como caridade. Isso é vampirização, sugação de gente viciada, interesseira, que pensa ser a Umbanda uma "agencia comercial", e o terreiro, o "balcão" onde pretendem servir-se através de seu guia ou protetor. Enfim, não permita que o baixo astral alimente as correntes mentais e espirituais de sua Tenda, pois se isso acontecer, você dificilmente se livrará dele – será seu escravo...

XXVI) Todos os médiuns do Triângulo da Fraternidade obrigam-se a comparecer às Sessões de Caridade no mínimo até 30 minutos antes do horário estabelecido para o início dos trabalhos, que é às 19h e 30 min. Recomendamos para uma melhor harmonização comparecer com uma hora de antecedência – 18h e 30 min.

IMPORTANTE: As sessões de caridade da casa têm horário certo para iniciar -19h30min e terminar - às 22h00min.

XXVII) Todos os médiuns, ao chegarem saudarão a "Tronqueira" na entrada do Templo, para saudar o Exu Guardião da Casa; para pedir permissão para adentrar no Templo, que é um Santuário Sagrado; para pedir proteção durante a Sessão; e, para pedir que as energias negativas, por ventura envolta no médium, possam ser dissipadas. Não são permitidos aos médiuns contatos ou conversas com a assistência.

XXVVIII) Os médiuns não poderão fazer uso dos vestiários para discussões, contendas ou comentários jocosos. Os médiuns, ao entrarem no vestiário antes do início dos trabalhos, se obrigam a manter o silêncio necessário, bem como, ao se encaminharem ao Templo devem fazê-lo ainda dentro da mais respeitável atitude, tudo de acordo com o Ritual estabelecido, a fim de tomar os respectivos lugares. À saída, também devem obedecer às mesmas condições de disciplina, mas é um momento de descontração, de alegria pelo dever cumprido, em que a camaradagem saudável e o bom humor fraternal são bem vindos.

XXIX) Os médiuns, em dias de Sessão, devem abster-se do uso de qualquer bebida alcoólica, pois se comparecerem sob qualquer efeito negativo resultante disso estarão sujeitos a serem excluídos da corrente neste dia e até definitivamente.

XXX) Não é permitida às médiuns, em dias de Giras de caridade, etc., comparecer com maquiagem excessiva no rosto. Se, eventualmente, assim acontecer, devem retirar toda a pintura antes da sessão.

XXXI) O médium que ficar descontente com alguma situação deverá conversar, em primeiro lugar, com o cambono-chefe.

XXXII) O médium que faltar a três (3) sessões consecutivas, sem justificativa, estará DESLIGADO da Corrente mediúnica, não mais precisando prestar quaisquer explicações, bem como não tem mais nenhuma obrigação com o Triângulo da Fraternidade.

XXXIII) Reforçamos: o médium que se tornar motivo de escândalo, provocar intrigas, e promover atritos e desuniões entre os irmãos, será sumariamente desligado da Corrente mediúnica e do quadro social do Templo.

XXXIV) A Vestimenta Ritualística do Templo tem modelo próprio e todos terão de adotá-lo.

XXXV) É terminantemente PROIBIDO a todos os membros da Corrente depois que vestir o branco, ficar circulando pelos corredores externos, na frente da casa, ou, o que é pior, sentados em conversas fúteis com a assistência o cambono-chefe a partir da entrega deste Regimento Interno, admoestará quem assim proceder e, caso haja recidiva, serão DESLIGADOS da Corrente. LEMBRE-SE, você não está num clube social, mas num templo religioso, que é um hospital de almas.

XXXVI) É terminantemente PROIBIDO aos membros da Corrente, depois de vestir o branco, lanchar, muito menos nos corredores e bancos externos. Faça o seu lanche antes de botar a roupa branca. O cambono-chefe, após a entrega deste Regimento Interno, admoestará quem assim proceder e, caso haja recidiva, será DESLIGADO da corrente. LEMBRE-SE: nossa cantina não é padaria de esquina e você está num templo religioso que é um hospital de almas.

57. Para manter a Corrente sempre iluminada, a disciplina no Triângulo da Fraternidade deve ser rigorosa, e o seu princípio está no respeito à hierarquia. A hierarquia religiosa é assim constituída, em seus 7 (sete) níveis:

SACERDOTE-CHEFE = Presidente da Instituição = (Incorporante)

SACERDOTES AUXILIARES = Pais e Mães Pequenos (Incorporantes) – Diretor de Rito (não incorporante)

CAMBONO CHEFE – não incorporante

OGÃS - CURIMBEIROS = AUXILIARES DE CULTO = Disciplina, canto, atabaque (Não Incorporantes)

CAMBONOS = AUXILIARES DE CULTO (Não incorporantes)

INICIADOS = Médiuns que já ganharam a guia e autorizados a dar consulta

INICIANDOS = Médiuns em período de Iniciação que ainda não ganharam a guia e podem ser autorizados a darem passes

ASPIRANTES = Irmãos que se preparam para entrar na corrente – ajudam na limpeza.

MUITO IMPORTANTE: o médium só ganhará a guia consagrada com o Triângulo após somar o período mínimo de 2 (dois) anos como aspirante e iniciando.

Nota: não confundir a hierarquia religiosa ritualística com a estrutura de gestão do Grupo de Umbanda Triângulo da Fraternidade, que tem sua instância máxima de poder no Triunvirato Deliberativo descrito anteriormente.

58. Somos um templo religioso legalmente constituído, como reza o Código Civil, que regulamenta nossas atividades. Não concorremos com a medicina e não suprimos atendimentos médico-psiquiátricos. Assim, em se tratando de consulentes que estejam desequilibrados, com perda da consciência, cognição embotada e parte psicomotora prejudicada, sem a condição de, por sua vontade própria, adentrar nosso abaçá (congá), são **TERMINANTEMENTE PROIBIDOS** a todos os membros da Corrente do Grupo de Umbanda Triângulo da Fraternidade quaisquer atendimentos de cunho mediúnico-espiritual a essas pessoas desequilibradas. A orientação a que devemos nos pautar é chamar os familiares e esclarecê-los fraternalmente de que não podemos suprir a medicina oficial e que, para termos condição de praticar a caridade, o sujeito deve ter condição consciente para isso, de receber um passe ou uma orientação. A responsabilidade é de cada um e, na ausência de sua consciência, dos familiares, que devem procurar auxílio médico terreno.

59. RITUAL DO AMACI – PREPARO E APLICAÇÃO:

I) O Ritual do Amaci ocorrerá 2 (duas) vezes ao ano, sempre na primeira segunda-feira de maio e na primeira segunda-feira de novembro.

II) Os membros da Corrente do Grupo de Umbanda Triângulo da Fraternidade terão que participar de no mínimo 1 (um) Ritual de Amaci anual, sob pena de desligamento se as faltas não estiverem devidamente amparadas e previstas neste REGIMENTO.

III) Aos médiuns trabalhadores de sexta, é pré-requisito para vivenciarem o Ritual do Amaci a participação da queima com Louvação de Exu, que ocorre na sexta-feira que antecede a segunda-feira do Ritual do Amaci propriamente dito.

IV) O PREPARO das folhas antecede a aplicação do Ritual do Amaci e consiste na extração e consagração do sumo vegetal das folhas. Ocorrerá no domingo antes da segunda-feira do Ritual do Amaci propriamente dito, entre 16h00 (abertura e defumação) e 18h00 (encerramento). O PREPARO e extração do sumo vegetal das folhas consiste em: desfolhamento – que deve ser feito antes da abertura, às 16h00 (14h00 até 15h30); maceração (com as mãos); pilação (bater as folhas já maceradas no pilão) e, finalmente, a disposição nos alguidares com a consagração (dinamização etérica do prana vegetal) na frente do congá. Todo o PREPARO se dá como se fosse ENGIRA em aberto, acompanhado ininterruptamente por palavras de encantamento através dos cânticos e toques da Curimba.

V) É pré-requisito e OBRIGATÓRIO para todos os membros da Corrente do Grupo de Umbanda Triângulo da Fraternidade a participação efetiva do PREPARO no rito de domingo, para poderem participar da APLICAÇÃO do Ritual do Amaci na segunda-feira, ritualística em que haverá as lavagens das cabeças (aplicação) com o sumo das folhas devidamente preparadas e consagradas.

1 - Critérios de ingresso na corrente do grupo de umbanda triângulo da fraternidade

Exigência para o aspirante: ter feito o estudo sistematizado ou estar frequentando no mínimo há 6 (seis) meses. Ter sido chamado ou autorizado pelo sacerdote-presidente e aprovado pelo Guia-Chefe.

1.1 – Sobre o Aspirantado

O aspirantado é o período pelo qual o irmão que se propõe a fazer parte de sua Corrente de Trabalhos Espirituais passa, no sentido de conhecer a filosofia, a disciplina e os Rituais do Templo. Nesse período, o irmão candidato a membro da Corrente pode sentir e fazer a avaliação se, na verdade, esse é o agrupamento umbandista a que pretende se incorporar e atuar como médium. Neste ínterim, sua tarefa será a de ajudar na limpeza e higienização do Templo, sob a orientação dos cambonos e da direção material do templo. Fazer parte da Corrente significa assumir uma família espiritual e, vindo a trajar a roupa branca, ser um idealizador dentro da filosofia e organização templária do Triângulo da Fraternidade. O Regimento Interno é o instrumento unificador e organizador das atividades do Templo, e o aspirante tem como uma de suas atividades importantes o conhecimento e interiorização do mesmo pelo seu estudo esmerado.

O aspirante deve comparecer ao Templo nos dias e nos horários de suas atividades. A assiduidade é um dos requisitos importantes à entrada na Corrente.

1.2 – Sobre a vinculação à corrente

Ao fim das atividades do aspirantado, que não tem um prazo determinado para terminar, sendo de, no mínimo, 6 (seis) meses, o sacerdote dirigente pode chamar o aspirante para a Vinculação, de acordo com a conveniência ritual do Templo, momento em que o médium fará sua opção pela entrada na Corrente, quando é marcado o dia de sua Vinculação final, singelo rito realizado pelo Caboclo Ventania ou Caboclo Pery, durante a Gira, no qual o aspirante é marcado com pemba e aspergido o seu pó sob o seu Ori – alto da cabeça. A partir daí, passa o mesmo a Membro Consagrado da Corrente do Templo, aceito filho do Triângulo da Fraternidade, iniciando no nível 6 (seis) da hierarquia – médium iniciante – com todos os direitos e deveres a ele devidos, sendo finalmente efetivado no Ritual de Amaci.

1.3 – Uniformes: Vestimenta ritualística

ANTES DA VINCULAÇÃO – médium aspirante: Homem: calça branca
Guarda-pó – jaleco – cor verde-claro
Sandália branca (tipo Havaianas) ou Alpargatas, de cordas
Mulher: calça branca
Guarda-pó de manga curta – cor verde-claro
Sandália branca (tipo Havaianas) ou Alpargatas, de cordas
DEPOIS DA VINCULAÇÃO – médium iniciante: Homem: jaleco branco
Calça branca
Mulher: guarda-pó ou jaleco branco
Calça ou saia longa rodada branca

2 - sobre os demais dias de trabalho do grupo de umbanda triângulo da fraternidade:

2.1 – Normas para o Trabalho Apométrico – Segunda-feira

Os trabalhos apométricos regem-se pelos princípios e pelas normas expressos neste Regimento Interno, apresentando, porém, as seguintes particularidades:

Os trabalhos apométricos se direcionam para aquelas pessoas que apresentam transtornos anímico-obsessivos e cujos sintomas são detectados pelos trabalhadores de Eteriatria/Magnetismo (da terça-feira) e das sessões de Umbanda (da sexta-feira) ou aqueles que se dirigem espontaneamente ao Grupo de Umbanda Triângulo da Fraternidade em busca do socorro fraterno.

Os trabalhos apométricos são às segundas-feiras (exceto na primeira do mês, que é dedicada ao atendimento interno da Corrente), iniciando com a abertura do portão às 18h, e fechando para a assistência às 19h00, quando termina a triagem e inicia a palestra. O término dos trabalhos está previsto para as 22h00.

O passe de Magnetismo/Eteriatria inicia às 18h15, devendo ser encerrado às 19h00, com o início da palestra, onde são atendidos aqueles que passaram por atendimento apométrico nas semanas anteriores.

O número de atendimentos de Magnetismo/Eteriatria para cada indivíduo varia entre 3 (três) e 9 (nove), conforme avaliação semanal dos dirigentes.

Após vestir o branco, assinar o livro de presença e fazer as devidas saudações, deverá o médium se integrar às atividades do dia concentrado e focado na atividade espiritual, sempre procurando auxiliar na recepção e na orientação do público frequentador;

Os consulentes interessados em participar dos trabalhos apométricos, ao ingressar no salão, devem dirigir-se aos trabalhadores encarregados da recepção e preencher uma ficha de anamnese, devolvendo-a, após, aos responsáveis por esta tarefa.

Todas as fichas devidamente preenchidas serão analisadas e passarão por triagem, em que serão selecionados três atendimentos presenciais (podendo haver somente mais um, a critério e análise dos dirigentes), e todos os outros receberão atendimento a distância, devendo o consulente ter a mesma postura e seriedade na sua casa para um melhor aproveitamento do mesmo. A triagem será feita pelos dirigentes do grupo junto com os dirigentes espirituais.

Os consulentes encaminhados pelos trabalhadores de terça-feira (Magnetismo) e sexta-feira (Gira) obedecerão ao sistema de triagem, junto com os demais interessados do dia.

A palestra inicia às 19h00, com duração de 15 (quinze) minutos aproximadamente, com temas que abordem autoajuda, autoconhecimento, visando sempre à melhora da saúde física, emocional e espiritual.

As palestras são realizadas por médiuns do dia de trabalho e organizadas por sistema de escala. Quando um médium, por impedimento pessoal, não puder cumprir a escala, deve comunicar ao dirigente do dia o mais rapidamente possível, para que possa ser substituído;

O não cumprimento da escala de palestras sem aviso prévio é considerado falta grave e será avaliado pelo grupo de dirigentes.

Após a palestra, será feito no salão um exercício de relaxamento e harmonização, preparando os consulentes para o atendimento e os demais para que tenham uma boa semana;

O passe, logo a seguir, é um passe DISPERSIVO, portanto o médium deve ter o cuidado de não aproximar suas mãos mais do que 10 cm do consulente, de forma vertical, iniciando pelo alto da cabeça e descendo em direção ao chão, até a proximidade do colo do consulente, que estará sentado à sua frente, e tendo outro médium às suas costas, porque o passe é feito em duplas. O passe deve ser ministrado em sintonia entre os 2 (dois) médiuns, iniciando e terminando juntos. O procedimento é repetido 3 (três) vezes, terminando no alto da cabeça, sem encostar-se ao consulente;

Os consulentes que passaram pelo atendimento de acompanhamento apométrico e Eteriatria/Magnetismo não precisam passar pelo passe dispersivo, devendo se colocar em local reservado a essa finalidade.

Ao retornar de férias ou de licença prolongada, deverá o médium apresentar-se aos dirigentes, assinar o livro de presença, assistir à palestra e receber o passe, ficando na segunda Corrente por 2 (dois) encontros, para, depois de harmonizado, retornar ao trabalho.

O médium que faltar aos trabalhos por 2 (duas) vezes consecutivas ou seguidamente, sem um motivo plenamente justificável, será desligado do grupo, conforme normatizado neste Regimento.

O grupo, após o encerramento dos trabalhos, deverá providenciar a limpeza, a devida retirada do lixo do salão e dos banheiros, fechar as janelas e portas, desligar ventiladores, apagar as luzes, deixando o ambiente preparado para o dia seguinte.

A seleção de novos médiuns/aspirantes passará pela análise dos dirigentes e pela direção espiritual do Triângulo da Fraternidade.

Os aspirantes deverão apresentar conhecimento das lides apométricas e permanecerão na segunda corrente, pelo período de 6 (seis) meses, contribuindo e assessorando o grupo nas tarefas que se fizerem necessárias, a critério dos dirigentes.

Na falta/impedimento do dirigente, ele deverá antecipadamente nomear outro médium, preferencialmente entre os dirigentes já estabelecidos, para que o grupo não sofra interrupções nos atendimentos.

Por apresentar peculiaridades que lhe são pertinentes, o grupo usa técnicas (que devem ser vocalizadas e mentalizadas com seriedade e concentração adequadas), que são distribuídas entre os médiuns. Ocorrerá rodízio no emprego delas, visando ao crescimento sensitivo/mediúnico dos participantes, ao apoio mental e energético, e à agilização dos atendimentos.

Todos os médiuns deverão, quando necessário, incorporar as entidades pertinentes aos trabalhos/atendimentos em questão.

Os médiuns deverão comparecer quando convocados para estudo e aprimoramento, o que se dará 1 (uma) vez por mês, em dia e horário a serem comunicados ao longo do ano.

O médium que não comparecer aos estudos por 2 (duas) vezes, será desligado do trabalho de segunda-feira e do Grupo de Umbanda Triângulo da Fraternidade, salvo impedimento justificado, conforme normatizado neste Regimento.

Não serão permitidas visitas para acompanhar os trabalhos apométricos. Casos particulares serão apreciados pelos dirigentes do grupo e da casa.

Os casos não descritos nestas normas serão analisados individualmente e por analogia com o previsto neste Regimento Interno.

2.2 – Normas para Trabalho de Eteriatria e Magnetismo – Terças-feiras

Os trabalhos de Eteriatria e Magnetismo seguem os mesmos princípios exarados neste Regimento Interno, além das seguintes peculiaridades:

O trabalho é direcionado exclusivamente para a saúde e a harmonização dos consulentes. Na primeira vez que o consulente comparece, ele deve preencher o formulário completo e então passar pela triagem, que determinará o tipo de atendimento ao qual será submetido. O tratamento geralmente tem a duração de 3 (três) ou 7 (sete) semanas seguidas, sem falta, salvo nos casos de doenças crônicas ou terminais que necessitem de tratar o consulente por período indeterminado.

A triagem deverá ser feita sempre por 2 (dois) dirigentes ou com um dirigente e um médium indicado por eles, mas nunca por um médium sozinho.

Será observado o rodízio de médiuns nas salas de atendimento, conforme a escala de trabalho. Para participar da escala de atendimento na maca, o médium deverá ter 1 (um) ano de trabalho efetivo nas terças-feiras.

As 2 (duas) salas de atendimento seguem a mesma sequência e padronização dos passes:

Abrir com luz azul; expandir a coesão molecular do duplo etéreo com 3 (três) pulsos magnéticos; utilizar a cor necessária para reequilíbrio; retornar ao normal a coesão molecular do duplo etéreo com 3 (três) pulsos novamente; e fechar com a luz azul. Nos casos especiais de atendimento na maca, segue a mesma sequência de padronização das salas, com a devida observação do dirigente, no caso de necessitar ampliar o espectro das cores e o tempo do passe.

A palestra deverá ter a duração de 15 (quinze) minutos, tratando de assuntos pertinentes à saúde física, emocional e espiritual.

Após a palestra, é feito no salão um exercício de relaxamento e harmonização, preparando os consulentes para o passe magnético inicial no salão.

O rodízio para ministrar o passe magnético preparatório no salão igualmente segue a escala de trabalho da noite.

O passe magnético preparatório no salão é um passe DISPERSIVO, portanto o médium deve ter o cuidado de não aproximar suas mãos mais do que 10 cm do consulente, de forma vertical, iniciando pelo alto da cabeça e descendo em direção ao chão, até a proximidade do colo do consulente, que estará sentado à sua frente, e tendo outro médium às suas costas, porque o passe é feito em duplas. O passe deve ser ministrado em sintonia entre os 2 (dois) médiuns, iniciando e terminando juntos.

O procedimento é repetido 3 (três) vezes, terminando no alto da cabeça, sem encostar-se ao consulente.

Os trabalhos de Eteriatria e Magnetismo são regidos e orientados por São João Batista e sua Falange do Oriente, não necessitando do uso da guia de trabalho de Umbanda, que é exclusivo dos médiuns trabalhadores da Gira de Umbanda realizada todas as sextas-feiras.

Para a realização do trabalho dos passes magnéticos no salão, nas salas de atendimento e na maca, os médiuns não incorporam seus guias e Protetores. Pode o médium sentir a presença de seu guia e das entidades do Plano Astral Superior que estão em trabalho ativo. Somos somente instrumentos para que a Espiritualidade realize seu trabalho também fazendo uso do ectoplasma doado, de acordo com o merecimento de cada um e seguindo a Vontade do Pai.

Os médiuns trabalhadores que não estão na escala do dia devem permanecer em silêncio e concentração no salão, doando ectoplasma e sustentando os trabalhos nas salas com boas vibrações e orações. Havendo necessidade, o coordenador dos trabalhos do salão indicará a tarefa a ser realizada por um ou mais médiuns.

Após vestir o branco, assinar o livro de presença e fazer a saudação, deverá o médium verificar a escala de trabalho e recolher-se em silêncio e concentração na sala do congá, até o momento da palestra, quando todos se reúnem para o início dos trabalhos.

Não é permitido aos médiuns, após colocar o branco, permanecer em conversa entre si e/ou com os consulentes, conforme os itens 16 a 18 do Regimento Interno.

Ao retornar de férias ou de licença prolongada, deverá o médium apresentar-se aos dirigentes, assinar o livro de presença, assistir à palestra e receber o passe por 2 (dois) encontros, para, então, no terceiro encontro, já harmonizado, retornar aos trabalhos.

Os trabalhos de Eteriatria e Magnetismo são às terças-feiras, iniciando com a abertura do portão às 18h00 e fechando para a assistência às 19h00, quando termina a triagem e inicia a palestra. O término do trabalho não deve exceder as 22h00.

Sempre que necessário, ao término dos trabalhos, os dirigentes convocarão os médiuns para uma reunião em grupo ou para conversar com um ou mais médiuns isoladamente para orientação. Também podem reunir-se para estudo, em dias em que o trabalho terminar mais cedo, sempre observando o horário de término dos trabalhos, que é às 22h00.

Cada grupo de trabalho deve deixar o ambiente limpo como encontrou para os trabalhos do grupo do dia seguinte, bem como fechar portas, janelas, desligar ventiladores, apagar as luzes, varrer o chão e recolher as lixeiras.